SHODENSHA SHINSHO

般若心経入門

——276文字が語る人生の知恵

松原泰道

JN264939

祥伝社新書

本書は、ＮＯＮＢＯＯＫ「般若心経入門」（一九七二年）に加筆して刊行された「愛蔵版・般若心経入門」（一九八四年）を新書化したものです。

なお、カバーの袖の石原慎太郎氏による推薦の辞は、ＮＯＮＢＯＯＫ版刊行時に寄せられたものですが、同氏のご好意により再掲載しました。

新書版のためのまえがき（著者にかわって）

花園から、飛び立った小鳥のように『般若心経入門』は、父・泰道《たいどう》の禅書の初音《はつね》であり、世に問うた小さな命でした。多くの人たちに愛読されたこの冊子が、今回版を改めて新書というスタイルで発刊されることを、うれしく思います。

『般若心経』は、数え方にもよりますが、全文で二七六文字しかありません。短い字数ですし、リズミカルに読めそうですから、なんとなく取り付きやすいと思いがちです。また六〇〇巻もある『大般若経』のエキスとも云われますから、エキスならば案外簡単に解釈できそうです。しかし、楽観して経典を開くと、その思わぬ難解さに門前払いを食らう方がもっぱらでしょう。なぜか。

『般若心経』の内容は、詰まるところ、坐禅して体感する無心の極めつけの心境が書いてあります。この無心の極めつけを「般若心経の空《くう》」と説明します。坐禅したことのある人ならば、さらに坐禅を積み重ねることによって、無心の極めつけである空なる意味を、わがものにすることができましょうが、無心に坐禅したことのない人には、その極めつけは心底掴みきれない。譬《たと》えは悪いですが、お酒をたしなまない人には本当にお酒の味がしみこまないように、坐禅したことのない人には究極の空の味わいが実感できません。実感は、説明できるものではなく、実感するしかない。禅は、文字には立てて説明できないと突き放すところです。体感せよと。

しかし、ここに、なぜ説明が出来ないのか、なんとかして無心の究極を文字に置き換えて語ることはできないものかと、突き詰めて思案する禅僧がいます。彼らは云います。語れないところを語ってみたいと。そのことに一生心血を注ぎ、自らの言葉で説明しようと一歩を踏み出した禅僧の中の、その一人が、本書の執筆者であったと受け取ります。ある意味では、実現不可能な世界に筆を染めた苦心の作品であると。そんな視点からも、本書を読んでいただきたいと願います。

平成二十一年十月吉日

龍源寺住職　松原《まつばら》　哲明《てつみよう》

著者まえがき

月日の経《た》つのはこのように早いものでしょうか。薬師寺《やくしじ》管長の高田好胤《たかだこういん》さまから『般若心経入門』の本を書くようにとのおすすめに甘え、その初版を祥伝社から出版していただいてすでに十二年になります。

高田好胤、石原慎太郎両氏の推薦のおかげで、拙《つたな》いこの書は多くの読者を得、すでに百八十数版を重ねたそうです。私はこの深い仏法の縁を少しでも社会にお返ししたいと、長野県北軽井沢に誰でも坐《すわ》れる「日月庵坐禅堂《にちげつあん》」も建立することができました。

また、私の後を継ぐ哲明《てつみょう》の努力で、同所に「星雲苑研修所《せいうんえん》」を併設、毎年、春から秋にかけて、この施設を利用してくれる若人の数も、しだいに増えていきます。うれしいことです。

般若心経は短編の経典ですが、昔から、中国ではもちろんわが国でも多くの人が、今もなおこの経に惹《ひ》かれます。それは、この経の内容が人間の生き方を、歴史の流れを越えて語ってくれるからです。近代思想では考えられない深い人生観と世界観が説かれているからです。

日本では、古くは弘法《こうぼう》大師の『般若心経秘鍵《ひけん》』、近くは故高神覚昇《たかがみかくしょう》師の『般若心経講義』(角川文庫)の名著をはじめ、多くの心経解説の労作が、今も多く世に出ています。この経は、現代の機械文明を鋭く批判する眼を持っているからでしょう。

とくに最近は、読誦《どくじゅ》するお経から書写するお経へと進み「お写経」が盛んです。さらに経典に登場する多くの仏《ほとけ》・菩薩《ぼさつ》にあこがれ、そのお姿を写す「お写仏」も学ばれています。現代の騒音に悩まされて、身心の静寂を求めてのことです。環境だけではなく、心の汚染度も日増しに高まる昨今、お写経とお写仏にオアシスを訪ねるのです。しかも、お写経もお写仏も、経典の文字やお仏像の姿をただ書写するのではない、私たちの心中に埋《うず》みこめられている〝ほとけのこころ〟に目覚める縁となる「学び」であり「修行」であると——。

このように気がつくと、私たちは、あらためてもう一度、経典の説く意味が知りたくなります。すると、前に読んだ以上に、経典からのより大きな教えに深く合点ができるのです。

愚かで拙《つたな》い私も、この十年間にささやかながら自心《じしん》の成長を感じます。すると旧著の『般若心経入門』にあきたらなくなりました。

さいわい、このたび祥伝社から『般若心経入門』の愛蔵版を出してくださることになりました。ありがたいこの縁に、私は拙著の多くの部分を新しく書き替えました。実は、もっと改めたかったのですが及びませんでした。しかし、私の七十七歳と、私の師父《しふ》・祖来《そらい》和尚五十回忌を迎えた年に、幾分でも報恩の営みをさせていただけたことを喜びます。多くの読者のみなさまのおかげです。謹《つつし》んで御礼《おんれい》申しあげます。

昭和五十九年二月十四日

この「まえがき」は、「愛蔵版・般若心経入門」発刊に際して執筆されたものです。(編集部)

〈推薦のことば〉――第一人者がしみじみ説《と》く〝お経の心〟

薬師寺《やくしじ》管長　高《たか》田《だ》好《こう》胤《いん》

昭和四十六年の秋に、祥伝社《しょうでんしゃ》の編集部から〝般若心経《はんにゃしんぎょう》〟の講義を――というご依頼があった。

私自身にも、般若心経の講義を本にしたいという気持はあるが、今、まだ般若心経の講義を書く自信は、とてもない。

龍谷《りゅうこく》大学の学生時代から、般若心経に関する講義を読むこと各種、いろいろな教えをいただいた。その中でわかりやすく、仏教に対して、親しみを深くしてくれるもっとも一般向きでいいのは高神覚昇《たかがみかくしょう》師の『般若心経講義』であった。

〈推薦のことば〉

このたび、般若心経の講義をと、お誘《さそ》いを受けたとき、まず頭に浮かんだのもこの本であった。そう思ったとき、今日、一般啓蒙書として般若心経の講義をお書きねがう第一人者は、松原泰道《まつばらたいどう》この人であると、心からご推薦申しあげた。

最近、私も『愛に始まる』『心』などの著者になった。それだけに身近に仏教の精神を、わかりやすく本にすることのむつかしさを痛感している。

仏教は生活の中に生かされてくるのでなければ、いかに理論に卓越していても、仏教本来の面目《めんぼく》ではない。日常生活の心の中に、家庭生活の中に、敬《うやま》う心の養いこそが、肝要《かんよう》の今日である。

私は今、百万巻の般若心経写経による薬師寺《やくしじ》の金堂《こんどう》復興勧進《かんじん》に取り組んでいる。これは、金堂の復興よりも、むしろ一人でも多くの人々の心の中に、お経さんの心を広めることが、私どものつとめであるという自覚に発している。

勧進とは信仰心を勧《すす》め、進めることであり、敬う心の養いの手伝いを勧めることである。

般若心経は、国民のお経として親《した》しまれている。このお経の心を、家庭生活の中に、日常、生活する心の実践として生かされることを願っての運動である。

般若心経の講義は、私も、今日まで何回となく行なってきた。

しかし、いつも講義が終わって、ふっと寂しい思い、むなしい思いが心に残る。それは般若というのは知識ではない、知恵（智慧）である（知識と知恵の違いは、私が説明するよりも、この本で堪能《たんのう》していただきたい）。

ところが、般若を語って、結局、知識の説明で終わってしまっているのである。そういうむなしさ、わびしさであった。そんなことがたび重なって、五分間の心経講義を思いついた。

幾度となくそれをくり返していたある日、私の心の中にひらめいたのが「かたよらないこころ、こだわらないこころ、とらわれないこころ、ひろく、ひろく、もっとひろく——これが般若心経、空《くう》のこころなり」ということばであった。

昨今は、講演のさい、必ずこれを聴衆の人々と唱和《しょうわ》することにしている。

般若心経の心を人々の心の中に広めたい。そんな願いの毎日であるだけに、今の世にこの本が出るということは、ほんとうにありがたい。

松原先生は、お話にしても、お書きになるものでも、とにかく心にしみてくるものがある。薬師寺での〝日々の心と美の講座〟でも、松原先生の来講をのぞむ人が多く、東京からのおはこびを願うことしばしばである。

この松原心経によって、一人でも多くの人々の心の中に、仏教の教えが身近に生きていくことが、目に見えるような思いがする。

昭和四十七年四月六日

〈推薦のことば〉

本文は、昭和四十七年、NONBOOK版『般若心経入門』に際して、寄せられたものです。今回、新書版の刊行にともない、高田好胤師のご家族のご好意により、再掲載させていただきました。

（編集部）

摩訶般若波羅蜜多心經

觀自在菩薩行深般若波羅蜜多時照見五蘊皆空度一切苦厄舍利子色不異空空不異色色即是空空即是色受想行識亦復如是舍利子是諸法空相不生不滅不垢不淨不增不減是故空中無色無受想行識無眼耳鼻舌身意無色聲香味觸法無眼界乃至無意識界無無明亦無無明盡乃至無老死亦無老死盡無苦集滅道無智亦無得以無所得故菩提薩埵依般若波羅蜜多故心無

罣礙無罣礙故無有恐怖遠離一切顛倒夢
想究竟涅槃三世諸佛依般若波羅蜜多故
得阿耨多羅三藐三菩提故知般若波羅蜜
多是大神呪是大明呪是無上呪是無等等
呪能除一切苦真実不虚故説般若波羅蜜
多呪即説呪曰
羯諦羯諦波羅羯諦波羅僧羯諦菩提娑婆訶
般若心経

松原泰道拝写

摩《ま》訶《か》般《はん》若《にゃ》波《は》羅《ら》蜜《みっ》多《た》心《しん》経《ぎょう》

観《かん》自《じ》在《ざい》菩《ぼ》薩《さつ》　行《ぎょう》深《じん》般《はん》若《にゃ》波《は》羅《ら》蜜《みっ》多《た》時《じ》　照《しょう》見《けん》五《ご》
蘊《うん》皆《かい》空《くう》　度《ど》一《いっ》切《さい》苦《く》厄《やく》　舎《しゃ》利《り》子《し》　色《しき》不《ふ》異《い》空《くう》　空《くう》不《ふ》
異《い》色《しき》　色《しき》即《そく》是《ぜ》空《くう》　空《くう》即《そく》是《ぜ》色《しき》　受《じゅ》想《そう》行《ぎょう》識《しき》亦《やく》復《ぶ》如《にょ》
是《ぜ》　舎《しゃ》利《り》子《し》　是《ぜ》諸《しょ》法《ほう》空《くう》相《そう》　不《ふ》生《しょう》不《ふ》滅《めつ》　不《ふ》垢《く》不《ふ》浄《じょう》
不《ふ》増《ぞう》不《ふ》減《げん》　是《ぜ》故《こ》空《くう》中《ちゅう》無《む》色《しき》　無《む》受《じゅ》想《そう》行《ぎょう》識《しき》　無《む》眼《げん》
耳《に》鼻《び》舌《ぜっ》身《しん》意《い》　無《む》色《しき》声《しょう》香《こう》味《み》触《そく》法《ほう》　無《む》眼《げん》界《かい》　乃《ない》至《し》
無《む》意《い》識《しき》界《かい》　無《む》無《む》明《みょう》　亦《やく》無《む》無《む》明《みょう》尽《じん》　乃《ない》至《し》無《む》老《ろう》死《し》
亦《やく》無《む》老《ろう》死《し》尽《じん》　無《む》苦《く》集《しゅう》滅《めつ》道《どう》　無《む》智《ち》亦《やく》無《む》得《とく》　以《い》無《む》

●釈尊の生涯を描いた「過去現在絵因果経《かこげんざいえいんがきょう》」

所得故《しょとくこ》　菩提薩埵《ぼだいさった》　依般若波羅蜜多故《えはんにゃはらみったこ》　心無《しんむ》
罣礙《けいげ》　無罣礙故《むけいげこ》　無有恐怖《むうくふ》　遠離一切顚倒夢《おんりいっさいてんどうむ》
想《そう》　究竟涅槃《くきょうねはん》　三世諸仏《さんぜしょぶつ》　依般若波羅蜜多故《えはんにゃはらみったこ》
得阿耨多羅三藐三菩提《とくあのくたらさんみゃくさんぼだい》　故知般若波羅蜜《こちはんにゃはらみっ》
多《た》　是大神呪《ぜだいじんしゅ》　是大明呪《ぜだいみょうしゅ》　是無上呪《ぜむじょうしゅ》　是無等等《ぜむとうどう》
呪《しゅ》　能除一切苦《のうじょいっさいく》　真実不虚《しんじつふこ》　故説般若波羅蜜《こせつはんにゃはらみっ》
多呪《たしゅ》　即説呪曰《そくせつしゅわく》
羯諦羯諦《ぎゃていぎゃてい》　波羅羯諦《はらぎゃてい》　波羅僧羯諦《はらそうぎゃてい》　菩提娑婆訶《ぼうじそわか》
般若心経《はんにゃしんぎょう》

〈般若心経・現代語訳〉

全知者であるさとった人に礼したてまつる。

求道者《ぐどうしゃ》にして聖なる観音《かんのん》は、深遠な知恵の完成を実践していたときに、存在するものには五つの構成要素があると見きわめた。しかも、かれは、これらの構成要素が、その本性からいうと、実体のないものであると見抜いたのであった。

シャーリプトラよ、この世においては、物質的現象には実体がないのであり、実体がないからこそ、物質的現象で（あり得るので）ある。

実体がないといっても、それは物質的現象を離れてはいない。また、物質的現象は、実体がないことを離れて物質的現象であるのではない。

（このようにして）、およそ物質的現象というものは、すべて、実体がないことである。およそ実体がないということは、物質的現象なのである。これと同じように、感覚も、表象《ひょうしょう》も、意志も、知識も、すべて実体がないのである。

シャーリプトラよ、この世においては、すべての存在するものには実体がないという特性がある。生じたということもなく、滅したということもなく、汚れたものでもなく、汚れを離れたものでもなく、減るということもなく、増すということもない。

それゆえに、シャーリプトラよ、実体がないという立場においては、物質的現象もなく、感覚もなく、表象もなく意志もなく、知識もない。眼もなく、耳もなく、鼻もなく、舌もなく、身体もなく、心もなく、かたちもなく、声もなく、香りもなく、味もなく、触れられる対象もなく、心の対象もない。眼の領域から意識の領域にいたるまでことごとくないのである。（さとりもなければ）迷いもなく、（さとりがなくなることもなければ）、迷いがなくなることもない。こうして、ついに、老いも死もなく、老いと死がなくなることもないというにいたるのである。苦しみも、苦しみの原因も、苦しみを制することも、苦しみを制する道もない。知ることもなく、得るところもない。それゆえに、得るということがないから、諸々《もろもろ》の求道者の知恵の完成に安んじて、人は、心を覆《おお》われることもなく住している。心を覆うものがないから、恐れがなく、転倒した心を遠く離れて、永遠の平安に入っているのである。

過去・現在・未来の三世《さんぜ》にいます目ざめた人々は、すべて、知恵の完成に安んじて、この上ない正しい目ざめをさとりに得られた。

それゆえに人は知るべきである。知恵の完成の大いなる真言《しんごん》、大いなるさとりの真言、無上の真言、無比の真言は、すべての苦しみを鎮《しず》めるものであり、偽りがないから真実であると。その真言は、知恵の完成において次のように説かれた。

往《ゆ》ける者よ、往ける者よ、彼岸《ひがん》に往ける者よ、彼岸に全《まった》く往ける者よ、さとりよ、幸いあれ。

ここに、知恵の完成の心を終わる。

（岩波文庫・中村元《なかむらはじめ》、紀野一義《きのかずよし》訳注『般若心経・金剛般若経』より引用）

目次

目　次

序章・般若心経は生きている

――現代人の心の病いを救う原典

豊かさゆえの不服が、精神の荒廃を生んだ

一九四五年（昭和二十年）、日本が第二次世界大戦に敗れた悲運が、はからずもきっかけになって、日本は大きな変化をなしとげました。私たちの日常の生活から、ものの考え方にいたるまで、革命的といっていいほどの変わりようです。

戦争中から戦後のしばらくの期間はもとより、戦前の日本は国全体が貧しかったから、私たちはいつも不満足な生活をしなければなりませんでした。とうぜん貧困に耐えるのを善とし、正しいとする倫理観や人生観に培《つちか》われていたのです。しかし私たちの胸の底には、たえず不満の念がみなぎっていました。

ところが、今では、私たちは物の豊かさに、すっかり慣れてしまいました。すなわち、欲しいときは何でもすぐに買えますし、要《い》らなくなると、すぐにポイと捨てて省《かえり》みませんし、それによって困ることもありません。こうした奢《おご》りの生活態度が、現代人の精神の荒廃につながっていると、私は考えています。

思いますのに、かつては日本の社会全体が貧しく、私たちは望みをたやすく適《かな》えることができなかったので、人生につねに不満を感じていました。この不満のことを仏教用語では「求不得苦《ぐふとっく》（求め欲するものを得られない苦しみ）」といいますが、当時、欲求不満《フラストレーション》に悩まさ

れぬ人は一人としてなかったことでしょう。もちろん現代人にも生活の不満はありますが、以前の不満とは比ぶべくもありません。現代はおおむね豊かさが一般に及んでいる時代と言えましょう。

ところが、生活への不満の感情が一応解消されたと思ったら、今度は「不服」という心情が「不満」に代わって私たちを苦しめはじめました。たとえば、かつては学校へ行きたくても、家が貧しいために学業を捨てなければならないという場合が多々ありました。ところが、今は学費にこと欠かない時代であるにもかかわらず、今度は若者の中に学ぶことに対する「不服の念」が生じてきたのです。そしてこれが向学心を断ち、登校を拒否させるという想像外の事態を惹《ひ》き起こしています。

また家族制度の慣習が強くて、自分の結婚も思うようにできなかった戦前に比べて、今は結婚も自由です。しかるに愛し合う者同士が夫婦となって、だれもが幸福を満喫しているはずなのに、突如、相手の性格に不服を唱《とな》えて離婚する例が少なくありません。学ぶことへの不服は、校内暴力にまでエスカレートし、夫婦間の不服は、子どもの家庭内暴力の土壌となっています。

仏教思想では、人間の持つ苦しみを八つに整理していますが（八苦《はっく》という）、その中の一つに「五蘊盛苦《ごうんじょうく》」があります。五蘊《ごうん》とは、後にくわしく説明しますが、「人間の身心を形成する五つの要素」をいい、これは、仏教学の基本的な認識の一つです。

私は、先に示した生活上の不満を表わす「求不得苦《ぐふとっく》」との対比において、「五蘊盛苦《ごうんじょうく》」を考えてみたいと思います。すなわち、私たち人間の場合、身心が盛んになると――つまり健康に恵まれ、生活も贅沢《ぜいたく》になり、心が奢《おご》り高ぶってくると、「求不得苦」とはまったく逆の苦しみに悩まされるようになるということです。言い換えると、「持てる者・富める者」の充足したある種の空《むな》しさから生じる苦感《くかん》――これが「五蘊盛苦」だと申せましょう。私は、この苦感こそが、現代人の持つ「不服」の感情だと考えるのです。

満たされたとき、勝ったときにのみ味わう苦もある

話は少し古くなりますが、私は旧制中学の五年生のころ、当時のある学生雑誌で読んだ次の内容の一文が、どういうわけか今もなお印象に強く残っています。

それは、トルストイに心酔し、晩年はキリスト教徒として田園生活をした大正期の作家徳冨蘆花《とくとみろか》（一九二七年没）の話です。蘆花には有名な小説である『不如帰《ほととぎす》』や、随想の『自然と人生』など、現代でも読みつづけられている作品が少なくありません。

この蘆花が、当時の一高（国立第一高等学校）で学生に演説をしたのですが、それを聞いた全一高生がみな目に涙して聞いたとありますから、すばらしい名講演だったのでしょう。演題は「勝ちの悲しみ」というもので、勝利したがゆえの、勝者のみが知る悲哀感について述べたものでした。

当時の一高は、言うまでもなく最難関校で、現代でいうなら、東大、京大クラスか、あるいはそれ以上といったところでした。その厳しい入学試験にパスして〝天下の一高生〟と友人から羨《うらや》ましがられ、誇りと栄誉と充足感にあふれる青年の胸中に、はしなくも蘆花の言葉から〝勝利者〟の悲哀の苦感がうずいたのでしょう。感激した何人かの学生は、その夜のうちに荷物をまとめて寮を去り帰国したといいます。当時、進学受験準備中だった私は、一高生の行動から大きな衝撃を受けたので、今も鮮烈な印象を留《とど》めているのだと思います。勝利者の苦悩はスポーツ界にあっても、必ず受けなければならぬ感情でありましょう。こうした苦をも私は「五蘊盛苦《ごうんじょうく》」と考えるのです。

乏しいとき、敗れたときに感じる苦が不満です。満ちたとき、勝ったときに味わう苦が不服です。いつ・いかなるときにも、私たちは苦感を覚えずにはおれないのです。不満と不服は、文字どおり心のバランスを失った不平となり、私たちの心から安らぎが消えてゆくことになります。
それなら一体どうしたらいいだろうか、と思い悩んだとき、たまたま次に掲《かか》げる詩人・丸《まる》山薫《やまかおる》さん（一九七四年没）の詩「新しい時代」にめぐりあいました。この作品を私が知ったのは、米沢英雄《よねざわひでお》氏著『心の詩・第一集』（大東出版社刊）を読んでいたときのことです。

いくら平和になろうと
人間は苦しむだろう
たとえ平等の世が来ようと
人間はかなしむだろう
地上に生きとし生ける者に
悲歎と苦悩の尽きることはなかろう
だが新しい時代はやってくる
赫《かく》々として明日の太陽といっしょに
希《のぞ》むらく
新しき時代に生きん

新しき歎《なげ》きに泣き
新しい悩みを悩もう
それら歎きと悩みの上に
ひとすじ真実の橋を架《か》けよう

心経の教え――自分の内側を開発せよ

私たちは生きているかぎり、つねに日々新たな時を迎えます。それは新たな楽しみであるとともに、過去になかった苦悩に伴《ともな》われていくことでもあります。喜びと嘆《なげ》きとは人生という乗物の両車輪です。人生の軌跡もまた喜びと嘆きによって、過去から未来へと画《えが》かれていくのです。

喜びに酔い痴《し》れず、苦悩を退避せずに生きるには、やはり適切な教えが必要です。その苦悩というのは、とくに逃げられもしない、代わってももらえない、自分自身が受け止めるしか方法のないものであることを、はっきりと目ざめしめるような教えが大切です。

こんなとき、いま世間でよく読まれているという『般若心経』を、あらためて読みなおしてみたら、暗中模索《あんちゅうもさく》に似た私たちの心中にも何らかの光明が得られるのではないでしょうか。

私にとってこの経の魅力は、私たちが後生大事にからみついている自我というものは、一つの影であって、自我なんか本来ないんだぞ、と痛快に私をやっつけてくれることです。また、救いや価値を自分の外に見つけるのは愚かだ、真実の救いや価値は、私たちの内側に生まれながらに秘められているのだ、自分の内側を開発せよ、と、本当の意味で人間性の尊厳を示唆《しさ》してくれる点に、私は惹《ひ》かれるのです。

あなたは、なぜ急ぎたがるのか

〝忙《いそが》しい〟というのが日常の挨拶《あいさつ》語になっているほど、私たちは毎日何かに追いまわされています。交通機関が便利になればなるほど、身辺はいよいよ多忙をきわめるのは皮肉ですが、それが現代の実情です。

詩人の谷川俊太郎《たにかわしゅんたろう》さんが、新幹線の超特急〝ひかり〟に乗って、米原《まいばら》付近通過のおりに作られた詩「急ぐ」を、読んでみましょう。

こんなに急いでいいのだろうか

田植えする人々の上を
時速二百キロで通りすぎ
私には彼らの手が見えない
心を思いやる暇がない
（だから手にも心にも形容詞はつかない）
この速度は早すぎて間が抜けている
苦しみも怒りも不公平も絶望も
すべて流れてゆく風景
こんなに急いでいいのだろうか
私の体は速達小包
私の心は消印された切手
しかもなお間にあわない
急いでも急いでも間にあわない

この詩は、現代人の生活の眺望《ちょうぼう》でもあるようです。当時時速二百キロで走った新幹線も、現在の〝のぞみ〟は時速三百キロです。その車窓からみる風景が、またたく間に流れ去っていくように、私たちは自分の周囲の人たちの悲しみや、喜びや、苦しみなどを考えてあげるひまがないのです。現代人の特徴として「無関心」があげられるゆえんです。「この速度は早すぎて間《ま》が抜けている」、間《ま》がないから早すぎるのです。なぜ、こんなに「早いことはよいこと」と歓迎するのか、なぜ急ぎたがるのか、車と車との「間」がないと事故を起こすように、人と人との間もギスギスしてトラブルを起こすし、一人一人はイライラしてくるのです。この話も今は「私の体は宅配小包」で、身体はクタクタになり、しかも『今日』という再び返ってこない日付のスタンプが心にポンとおされて、一生を多忙のうちに終わってしまうのは、なんといっても惜しいことです。

〝馬車よ、ゆっくりと走れ〟

今から六百年ほど前に、ドイツにティル・オイレンシュピーゲルという奇人がいました。ある朝、田舎道《いなかみち》を猛烈なスピードで馬車を走らせてきた旅人が、彼の前で車を止めて、次の町までの所要時間を聞きます。

彼は、おもむろに、「ゆっくりゆけば四、五時間、急ぐと一日！」と、奇妙な答えかたをします。

旅人は怒って、前にもましたスピードで飛ばしたところ、途中で、車輪の心棒《しんぼう》が折れました。その修理に手間どり、夜半近くにようやく次の町にたどりつきました。ティルのいうとおり、たっぷり一日かかったのです。

〈忙〉しいという字を分解すると、忄（リッシン偏《べん》）に亡となる。つまり〈心が亡《な》くなった〉現象を表わす字だ、といわれます。

多忙すぎて、良心不在・人間不在となり、ついに中心を亡くし、ほんとうの「心棒」がケシ飛んでしまうのです。

人間は「弱い葦《あし》であるが、考える葦」とも「考える動物」ともいわれるのに、この特権を行使する「間《ま》」をなくしたのも「多忙」のなせるわざです。いまこそ、この大切な「心」をとりもどし、人間復権に努力しなければなりません。失われた「心」とは何か、を考え学ぶ必要があります。この心をしみじみと思索する教えに、文字どおりの「心経」——心の経があるのです。

大切な自分を忘れている

忙しいと、当然「忘れる」という現象を生じます。その点では私も決して人後には落ちません。よく忘れものをしては人に笑われます。この〈忙〉の字を分解してタテに配置すると〈忘〉の字になると教えられましたが、小話《こばなし》としても、おもしろい着想です。

むかし、孔子《こうし》が諸国を巡歴して帰国したおり、太守《たいしゅ》の哀公《あいこう》に挨拶《あいさつ》かたがた旅上の話を報告しました。哀公もまた孔子の旅の疲れを慰めようと、

「先生のお留守中に隣国へ移転した家来があります。たいへんなあわて者で、最愛の女房を置き忘れ、途中で気がついてもどってまいりました」と笑い話のつもりで申されます。しかし、孔子はにこりともせず、かたちを改めて、言葉しずかに、

「妻を置き忘れても、必ず思い出すからよろしいでしょう。しかし、一番大切な自分をどこかへ置き忘れて、忘れっ放しにしているのが、わが国の現代のすがたではないでしょうか」

と、ひそかに戒《いまし》められました。

孔子が亡《な》くなってから二千五百余年の年月がたちますが、現代はまさに孔子が指摘したとおりではありませんか。

大切な自分を忘れている――つまり自己放棄です。

忙しいままに、考えたり、思索するひまを持たないと、ついには、人間が人間でないものになってしまいます。自分が自分でないものになってしまっては、人間に生まれてきた意味がないでしょう。

知識と知恵とはまったく違う

人間が人間になる、自分が自分になるところに人生の充実があります。自己を拡充しないと私たちの一生は空中分解をするでしょう。

自分をみつめる、自分とは何であろうか、と、この自分をみつめることが、いま一番大切なことだと思います。

かつて、湯川秀樹《ゆかわひでき》、小林秀雄《こばやしひでお》の両氏が『人間の進歩について』（文藝春秋刊）対談されたことがあります。そのとき、小林氏が、「カレルの書いた『ロンム・セッタンコンニュ（人間 この未知なるもの）』（渡部昇一訳・三笠書房刊）を読んでおもしろいと思ったのは、科学というものが人間研究をしてこなかった。物質ばかり研究してこれだけの成果を挙げた人間というものに、科学が気づいたのはごく最近にすぎぬ、という説を強調していたことだ」といわれると、湯川博士も「そのとおりです。日本でも人間に近い大切な領域が疎《おろそ》かにされている。ごく少数の専門家はありますが、一般の人はまだそういうものを軽んずる傾向が脱《ぬ》けていません。よくないと思う」と答えておられます。

この点に注目しなければなりません。私たちは、自分を中心として、その外側にあるもの――客観的に存在するものについて知るのを知識《ノリッジ》といい、自己そのもの、あるいは、自己に内在するもの、つまり主観的事実を学ぶのを知恵《ウィズダム》と申します。知恵の原語を、パーリ語（南方仏教の聖典用語）でパンニャーといい、音訳して「般若《ハンニャ》」といいます。この知恵を中心に説かれたのが「般若心経《はんにゃしんぎょう》」です。「般若の心を学ぶ」お経というほどの意味です。

さきほども、現代人は多忙のままに自分を忘れてしまっている、と申しました。この健忘症が現代の苦悩の病巣《びょうそう》だと思います。ここに、心を学ぶお経の「般若心経」を、読者とともに学習したいと願うゆえんがあります。

心ほど（心については、後に詳しく学びます）、わかったようでわからず、つかみどころのないものはありません。心は存在するといっても、その所在地が、またはっきりしません。

この意味でも、般若心経の中に「空《くう》」の字がたびたび登場するのは、まことに興味ぶかい点です。

偽《いつわり》の言葉と自分の言葉

「空」の字を出されると、誰でも、まず、そらと読み、次に、むなし・くう・からと読んだり解釈します。『広辞苑』には〈よりどころのないこと〉とあります。

つかみどころのない心だから、よりどころがないのです。いや、つかまえたと思っていたのが、実は蜃気楼《しんきろう》のように実体がないため、何も得られなかった。しかし決してないとはいえぬ。あるようでなく、ないようであるのが「心」の本質かもしれません。

学生運動が盛んなりしころ、羽田《はねだ》空港で不幸な事故死をした全学連の山崎君の日記の一部に、

「これまで私は一体何をして生きて来たのだ。現在にすら責任をもたず、未来に対する責任もなく、ひたすら懐疑と無関心の間を揺れ動き、他人の言葉で自己を弁護する。私は、一体誰だと問いつめるほかない」

と、あったことが報じられています。これが現代人の持つ一つの悩みです。私自身、時おり頼まれれば、つまらぬ話を人前でいたします。私は私なりに、一所懸命勉強してお話をするのですが、すんだあと、何ともいえない淋《さび》しさ、うつろさを感じて、やりきれないことが多いのです。山崎君は「他人の言葉で自己を弁護する」といいますが、それはシュプレッヒ

コールかもしれません。私の場合でも、誰かの言葉を引用するときが多いのです。だから、胸の中を吹きぬける空《むな》しさを感ずるのかもしれません。

作家の水上勉《みずかみつとむ》氏が「三人の師」と題する随筆の中で、その一人に、長い間水上さんを勘当《かんどう》した父・水上覚治《かくじ》氏をあげています。覚治氏は、頑固《がんこ》者といわれたほど、仕事熱心の宮《みや》大工さんでした。最近の新建材を嫌い、「木目《もくめ》を印刷した材料を恥ずかしげもなく使う大工は下《げ》の下《げ》だ」と軽蔑《けいべつ》します。

しかし、水上さんは父のこの言を高く評価して、

「父がそのようなことをいった言葉をありがたいと思う。小説をつくる仕事と何ほどもかわらぬ。建築の材料は、小説では『言葉』であろう。印刷された木目の板は『偽《いつわり》の言葉』であり、自分の言葉で自分の建て物を建ててみよ、と父は私にささやきかける」(46・6『文藝春秋』)

といわれますが、私はこの一節に特に強い感銘を覚えました。

形あるものはこわれる——色即是空《しきそくぜくう》の意味

自分の言葉で語り、書かぬかぎり、空しさはついてまわります。それは、ただしゃべらさ

れたり、書かされているだけに過ぎないからでしょう。

自覚された自分の意志で、自分の人生を歩むことが、いかにむつかしいか、またいかに大切であるかを悩みもせずに行動するから、すべてが空しくなるのです。しかも、この空しさを正しく充《み》たそうともせず、本能のままに、刹那《せつな》的な衝動心につきあげられて、無目的に行動するから、自分でも収拾《しゅうしゅう》不能になるのです。

言葉ひとつにしても、自分の言葉が使えるには、自分をしっかりつかまなければだめです。それには、空しさを嘆くことから踏みこんで、空しさに徹するより方法はないようです。このことを般若心経は「色即是空《しきそくぜくう》」とわずか四字でずばりと言いきるのです。

色《しき》とは、エロティックの意味ではありません。原語の梵語《ぼんご》でルーパといい、物質的現象として存在するもののことです。平たくいうと、色《しき》は目に見える、形あるもののことです。目に見え、形あるものの多くは、何らかの色彩がありますから、ルーパを「色」と漢訳したのでしょう。

ところが、目に見え、形あるものは、必ず壊《こわ》れたり崩《くず》れたりします。それがルーパ（色《しき》）というものです。つまり、形あるものは、かたときもとどまることなく、必ず、移り変わり、そして壊れてゆく存在だということを教えているのが、「色即是空《しきそくぜくう》」です。

この形あるものを否定するところの、いわば「空《むな》しさ」いっぱいの情感が、空《くう》の持つ第一の意味です。しかし、この空しさを感ずるところに、人間の進歩もあるのです。

六代目尾上菊五郎《おのえきくごろう》に「まだ足りぬ　踊り踊りて　あの世まで」の辞世の句があります。あれほどの名優が、いや名優であるがゆえに、自分の芸に「空しさの痛み」を感じ、少しでもより高いもの、より深いものを求めて一境《いっきょう》にとどまろうとせずに、踊りに徹したのです。

空《むな》しいがままの充足――空即是色《くうそくぜしき》の意味

「色即是空」は、このように形あるものを空《くう》ずる（否定する）のです。ところが、それだけで終わると虚無思想に過ぎません。この虚無観をもまた否定するのが「空即是色《くうそくぜしき》」です。空しさをさらに空《くう》ずるのです。否定の否定です。

否定の否定は肯定で、もとの座にもどるかっこうですが、否定前の色《しき》と、二重否定の後の色《しき》とは、同じ色でも、空を実感したか、しないかによって、その間に大きな違いがあります。

「いったん否定した〈色〉をさらに空ずるという、二つの否定を経て人生を眺めようじゃないか。そうしたら、別次の風光があるに違いない」と教えてくれるのが「空《くう》」の持つ第二の意味です。

現代人でも、ときには空しさを感じているのですが、そこから何も学ぼうとはせずに、空しさをごまかすことに懸命です。無気力になったり、レジャーへ逃避します。騒音をかきたてて、その中へもぐりこもうとします。自殺をはじめ、さまざまの意味のない暴行なども、虚無感のつきあげとしか感じられません。

こうした行為は、空しさからくるいらだたしさによるものが多いようです。その点はおぼろ気《げ》に感じながら、空しさからくる胸のいたみの自覚がないので、空しさに徹しきれない、徹しきれないから救われない、救われないから安らぎがない、安らぎがないから不安だ、不安だからイライラするという悪循環を、はてしもなくつづけてゆくのです。

いまこそ空《むな》しさを知り、空しさに徹し、空しさに生きる「般若の知恵」を身につける絶好機です。この意味で、現代は正しい宗教情緒を習得するには、願ってもないチャンスだと信じます。

このことで、私にも苦しい思い出があるのです。私の師匠であり実父である祖来《そらい》和尚《おしよう》は、昭和十一年の元旦、五時四十分に脳溢血《のういつけつ》で急死しました。そのため、毎年めぐってくる元旦は、私には師父の祥月命日《しようつきめいにち》ですから、少しもめでたくありません。空しさでいっぱいでした。

そんな淋しい気持ちで、十回あまりも正月を迎えたでしょうか。たまたま、終戦後に東大出版会から出た日本戦没学生の手記『きけわだつみのこえ』の渡辺一夫《わたなべかずお》氏の巻頭文に引かれた、フランスの詩人ジャン・タルジューの、

死んだ人々は
還《かえ》ってこない以上
生き残った人々は
何がわかればいい?

という詩にふれたとき、私ははからずも静かな爆発を心に感じました。おもえば、だれでもよい、その人の死によって、その人が生きていたら決してわからなかったであろうところの、人生の真実の意味がわかることが、死者を愛し死者に対面し、死者と対話できる知恵であると。

「空《くう》ずる」とは他人の歓喜、苦悩への共感

師父の祖来和尚が死んだとき、私は二十八歳でした。幼少のときから習い覚え、しかも毎日何回となく読みなれていた短い「大悲咒《だいひしゅう》」というお経が、師父の遺骸《いがい》の前では涙で声がつまってどうしても読めないのです。そのつど初めから読みなおすのですが、やはり途中で絶句してしまいます。

そのときは、ショックが大きいからだ、ぐらいに思っていましたが、十余年後にジャン・タルジューの詩にめぐりあったとき、「ああ、そうだったのか、師父が死ぬまでは、私の読《ど》経《きょう》は風が吹けば飛んでしまうような無力な読み方だったのだ。涙で声がつまらなけりゃほんとうの読経はできんのだぞ」との教えがわかったのです。

すると、そのときまでお正月が、なぜめでたいんだ、人間が勝手にきめたことに過ぎないじゃないか、といったひねくれた空しさがすっ飛んで、心から「明けましておめでとうございます」といえるようになりました。

私にとって、父の死は文字どおり「色即是空」でした。お経の真読《しんどく》のできる尊い縁を結んでくれたのは、その人の死です。師父が、かりに今日まで生きていたら、かえってわからなかったこのことを、その人の死によって教えられたということがわかりました。それからの

正月が、心から〝おめでとう〟といえるようになったのは、「空しさ」から「空しいがままの充足」を実感できたからです。いうなれば「色即是空」そのままに「空即是色」と蘇《よみがえ》ったのです。

私も、元旦に死ぬ可能性を持つ空《むな》しい存在なのに、今年も生きていてうれしいし、同じ条件の誰彼《だれかれ》も元気でいてくれてありがたいから、大声で〝おめでとう〟といえるのです。

師父の死のおかげで、生きることの容易ならぬ尊さを知らされたというと、異様にひびくかもしれませんが、そういうよりほかないのです。こうした経験を持つ人は多いと思いますが、大切にしなければならぬ点です。

もとより、死人が生きている人間を教えることができるわけはありません。すると、その人の死をとおして誰が教えたのか、誰がわからせてくれたのか、この誰を追求することが肝要です。しかし、その結果は、自分を掘り下げ、自分の中に求めることになるのです。そして、自分の中に「埋《う》ずみこめられている真実の自己」にめぐりあうことだと、般若心経は語ります。

般若心経（以後心経《しんぎよう》と記す）は、「現実の空しさ、うつろさを徹底して実感せよ（色即是空）、すると、現実に生きる価値と意義が十二分に自覚できる（空即是色）」と教えます。

空しさやうつろさは、しかし、死とか別れのような暗い場面に感じるとは限りません。現代の日本のように、経済的に高度の生活がつづくと、「満ち足りている」ことに空しさと不服とを感じるのです。

欲求不満《フラストレーション》は貧困生活だけに起こる現象ではありません。欲求は、どれだけ充足されても永久に解消することのない不満と不服とを背負っているのです。それが欲求や欲望の性格です。

生活が豊かになるにつれて、また、しあわせがいっぱいになればなるほど、貧しいときとは違った不足を訴えます。たとえば、隣人は車を持っているが、自分のところにはないという、ただそれだけのことで不満を爆発させたり、劣等感を起こします。さらに、車が買えると、さらに新型が欲しいといったふうに、欲望を自制できず欲望のエスカレートに苦しんでいるのが現代人ではないでしょうか。

この点を、心経は「照見《しょうけん》せよ！」——知恵の光に照らされて「見つめよ！」と呼びかけるのです。

「豊かさの苦悩」など、誰しも予想しなかったでしょう。ここに現代の落とし穴があります。しかも心経は、物心の盛んなときに起こる悩みを「五蘊盛苦《ごうんじょうく》」として、すでに説いているのです。

自我から解放された自由――観自在菩薩《かんじざいぼさつ》

現代は「個人の尊厳《そんげん》」ということを実に口やかましく申します。しかし、その個人がどこに、どんな尊厳を持っているかを学ぼうとはしません。また小さな自分を中心に、他者との関係を従属的に考えがちな発想法のために、自分の主義主張だけが尊厳だと思いこむ危険を生じます。したがって、他者を敵視しがちです。一個の自分が中心になるとエゴイズムになる。このエゴを仏教では「自我《じが》」と名づけて戒《いまし》めます。

なぜなら、自我は閉鎖《へいさ》的・孤立的な存在です。その壁を打ち破り、めいめいの穴から戸外に出て共通の空気を吸い、他人の悲しみや苦しみに共感しないかぎり、ほんとうの個人の尊厳はありえないでしょう。この自我の考え方を否定してゆくのを「空《くう》ずる」と申します。「空」には、このように多くの意味があるのです。

団地住宅の増加にともない、家具も団地サイズが出まわりました。同時にいささか語弊がありますが、思考形式も団地サイズになりつつあるようです。このさい、めいめいの部屋から広場に出る必要を提唱するゆえんです。

自我の尊厳は、決して真実の人間性の尊厳には通じないから、心経は「無罣礙《むけいげ》（自我のきずなを断《た》て）」と呼びかけるのです。

社会や経済の進歩は、「人間の原点である欲望を、知性や理性によって昇華《しょうか》した結果である」といわれます。いいかえると、欲望の昇華が文明社会を築くのです。特にわが国は、第二次大戦後の経済的発展がめざましいのですが、どのように世間的な名誉や地位や生活に恵まれても、それだけでは満足されず、さらに、心の奥の深い層での充足を願い求めずにはおれないのが、実は人間の人間である証拠です。この願いがなかったら「人間」とはいえないでしょう。

「歓楽極《きわ》まりて哀情《あいじょう》多し」とは、この心境です。官能的な楽しみは自我を満足させますが、自我の底にある真実の自己は、空しさを感ずるだけです。ある青年が「ぼくには楽しみはあるが、よろこびがない」と、ぽつりと淋しそうに洩《も》らした一言に、私は胸を打たれました。

なるほど、時間と金さえあれば自我的な官能の欲望は十分にかなえられて、楽しい思いをすることができるのです。

しかし、自分の底にある真の人間性ともいうべき「自己」は、それだけでは少しもよろこびを感じていない、との嘆きを訴えているのです。

　自我は、感情のままにいつも動き変わりつつあるにもかかわらず、私たちはこの自我を自分だと思いこんでいますが、実はそうではないのです。自我はエゴにすぎません。

　この自我の底にあるのが人間を人間たらしめる「自己」です。自己は自我と違い、常に一貫して変わりません。自我には個人差がありますが、自己には個人差がなく、誰にあっても同じです。私たちが「自分」だと思っている心中には、この「自我」と「自己」の二人の自分が共存しています。

　故鈴木大拙《すずきだいせつ》先生は、それを「自分（自我）の中に、もう一人の自分（自己）がいることにめざめよ」と常に呼びかけられたものです。この自己にめざめるのが、仏教の「自覚」です。この自覚が持てると、私たちに真の自由が身につきます。

　いま、世間でいわれている自由とは、自我の命ずるままに動くことのように考えられていますが、それは間違いです。実はこの自我から解放されて、自我の命ずるままにならない自己を確立するのが真の自由というものです。自我の執着《しゆうじやく》から放たれた人こそ、真の自由人です。自我の欲望から解放されて、のびのびと人間らしい生き方を得ようと無意識のうちに現代人はあせっています。

その証拠は、精神文化関係の書物がよく売れたり、宗教講演会に若い世代の聴衆が多い事実に反映されています。

心経の冒頭に「観自在菩薩《かんじざいぼさつ》」の名が見えます。観自在菩薩は観音さまのことですが、偶像ではありません。「自在（由）を観ずる大いなる人間性」の象徴です。真の自由を得て人間らしい生き方を願う私たちの象徴そのものなのです。真実の自由・自在をあらわす観音さまは、現代人が要請する、深くて豊かなこころを持つ「人間像」にほかなりません。

衣食足ッテ空虚ヲ知ル

人間は、物資が足りないときに欲求不満を訴えるのは当然としても、物質が充足すればするで、別次の不服を訴えることは、すでに述べました。

機械文明のピークにある現代は、「衣食足ッテ礼節ヲ知ル」とは必ずしもいえませんが、「衣食足ッテ空虚ヲ知ル」とはいえるようです。豊かな近代生活が続けば続くほど、素朴さの持つ真実が恋しくなるのです。

私の知人の幼稚園の園長先生から、考えさせられる話を聞きました。園児たちに『お母さん』の絵を描かせたら、ある子の作品が両手両足のない絵だったので、先生はびっくりしたのです。そのお母さんはそうした人ではないのですから――。

子どもの説明を聞いてわかったのは、相当の資産家らしく、家庭の「体制」が全部機械化されているので、ママは別に身体を使わなくとも用事がたせるのです。この絵はまさに「手足を動かさなくてもすむママ」を象徴した子どもの「反体制画」だったわけです。

ママは、家庭を電化すれば、子どもは幸福だと思いこんだのでしょうが、子どもは、かえって不服なのです。やはり、母が手足を動かして子どもの身辺の世話をしてほしいのです。

このママは、人間はただ腹がふくれればいい、寒くなければいい、官能が満たされればいい、という自我の満足だけでは生きられない存在であることを忘れたのです。

人間は、貧しければ悲しみのあまり消えたくなります。ところが、豊かになると、またそれがうとましくて蒸発したくなります。現代は、この両方の蒸発希望者を生みだしています。前者は政治や経済の責任だと一応は考えられても、後者の、豊かなる世界からの脱出は、自我の現実的満足にあきたらず、より高次なものを求めての自己の願いであるから、政治や経済とは別個の問題です。

人間が人間であるがために受けるこの空虚感のいたみから、釈尊《しゃくそん》は王城を脱出されました。般若心経の原点はここにあります。現代の高度の文明生活の底深く、ひそかに吹きぬける「満足に対する空《うつ》ろさ」と、どこか通ずる点がありはしないでしょうか。

“蒸発”しても“帰って”こなければ……

釈尊は、東経八十三度、北緯二十七度、今のネパールのヒマラヤ山麓《さんろく》の小国カビラワッツの執政官の子として生まれました。幼名をシッダッタといいますが、やはり蒸発を計画し、成功した人だと申してもよろしいでしょう。生後間もなく、母と死別したシッダッタは母のやさしい面影《おもかげ》も、あたたかい乳の香りも知らなかったのです。幼《おさな》くして味わった無常の実感は成長するとともにいよいよ深刻さを増したのです。しかし、それだけが「出家」の原因のすべてだとは思えません。

彼は、スポーツにも堪能《たんのう》で、妃《ひ》にヤショーダラをめとるときも、そのライバルにみごとに打ち勝っていますし、当時の学問も深く身につけた、すぐれた青年です。美しい妃との間に愛くるしいラーフラという王子も生まれました。

いくら小国でも（カビラワッツは、わが国の千葉県ぐらい）執政官の長子ですから、その国の庶民よりは、はるかに高度の生活を楽しんだことは想像されます。

しかし、あらゆる本能が満たされれば満たされるほど、そのあとの空しさと無意味さから、人生に対する大きな懐疑《かいぎ》を持ったのです。この空しさを満たしてくれる真実なものがどこかにあるに違いない、刹那《せつな》的な満足以外に永遠なよろこびが確かにあるに違いない――と。

現代人もまた、欲しいものは一通《ひとと》り手に入れることができたが、無意識ながら同時に、名づけがたい息苦しさから蒸発したいと願う、人間革命の機運が動きかけているようです。

シッダッタは蒸発したが、昇天はしませんでした。水蒸気となって再び地上におりて、人間も草木も鳥獣もすべてを生かす清らかな、いのちの水となって注《そそ》ぎこみ、うるおしたのです。この点が大切だと思います。

わたくしたちも、何らかの意味で現代を蒸発したいのなら、片道通行で終わらずに、必ず帰ってこなければなりません。帰ってくるところに人生の意味があるのですから――。

自己・自我・空・明・暗が錯綜《さくそう》し、機物《きぶつ》的公害と精神的公害で汚染された空気を吸いながら、しかも現代を生きてゆかなければならぬ私たちにとって、第一に必要なことは、目前の事実や現象を明確に認識することです。主義や主張にとらわれたり、概念や観念に縛られることなく、自由に、しかも正しくそれらを見ることです。

それには、自分の目を見開くだけでは不十分です。客体のほうからも、まっしぐらに私たちの目に飛びこんでくるものがあるはずです。見ようと努《つと》めなくても、先方から「見せてくれるものを見る」こころの視力を養うのが大切だと思います。こうした自由にして深い慈愛に富んだこころの眼《め》のはたらきが、「人間の身に埋もれたままで存在している」と釈尊はさとられたのです。このはたらきを誰の目にもわかるように象徴的に示されたのが観音《かんのん》さまです。つまり、観音さまは、釈尊のさとられたこころの一部を具象《ぐしょう》（かたち）で表わされたものです。

釈尊が、この観音さまをして説法せしめられたのが「心経」です。釈尊は、ご自身のこころを象徴的実在としての観音さまに語らせられるのです。心経とは、このようにスケールの大きい、幻想的な、しかも現実と離れない劇的な仕組みを感じさせるお経です。全文二百七十六文字の、この短篇の経典は、私たちに何を話しかけてくれるでしょうか。

この経について、私はただ字義の解釈だけですまさずに、禅的なうなずきを持ちたいと願っています。それは、故鈴木大拙博士の「禅とは、心の奥底にある無限の創造性に徹し、これに随順《ずいじゅん》して生きることだ」との言に深く感銘したからです。

人間は、追いつめられると、何かを創造せずにはおりません。たとえば、生き方にも工夫して新生面を開きます。物が欠乏すれば頭を働かして何かを生み出します。精神的にも苦境に立たされると、そこに一つの「意味」を発見したり、すすんで「安らぎのこころ」を創造します。この創造性が人間の心の奥底に本来埋《うず》みこめられてあることを信じ、それにめざめ、さらに開発してゆくということです。この創造性のはたらきも、心経の「観自在菩薩」に象徴されています。

本来「ほとけ」とは「真実の人間性」のこと

機械文明が進歩すればするほど、人間性も生活も機械化され、画一化され、かえって自由と創造のよろこびが薄らいでゆきます。鈴木博士のいわゆる「心の奥底にある無限の創造性」に徹するとき、私たちは自分の周囲にも、自分の中にも、真なるもの、善なるもの、美なるもの、聖なるものを見ることができましょう。またそれらを、真の意味で生かしている大いなるいのちを凝視《ぎょうし》することもできるに違いありません。この目が『般若心経』の主人公・観自在菩薩の御目《おんめ》に象徴されております。この目は、私たちの心に、生まれる前から埋めこまれているから、白隠禅師《はくいんぜんじ》（十八世紀の著名な禅僧）は「観自在菩薩とは余人にあらず、汝《おんみ》自身なり」と示されるのです。

それは、文法的にいう二人称・三人称をひっくるめた大いなる第一人称の「自己」を創造することです。弘法大師空海《こうぼうだいしくうかい》が、自著の『般若心経秘鍵《ひけん》』の冒頭に「それ仏法遥かにあらず、心中にして、すなわち近し」といい、一休禅師《いっきゅうぜんじ》も般若心経を講じて、

よもすがら　ほとけの道を　たづぬれば
わが心にぞ　たづねいりける

と詠《よ》まれた心情を発見することになります。そして、本来「ほとけ」とは、世間でいうような死人とか仏像ではなく、「真実の人間性」のことなのです。ゆえに、自分の中にわけ入って真実の人間性を開発するのが『般若心経』のこころといえます。ここにこそ、この経典と現代人との広い接触面を見ることができます。そして、この二千四百年も前に中インドに生まれた古い経典が、現代に至るまで少しも古くならず、それどころか、ますます新しい光を放つ秘密があるのです。般若心経は、まさに「不磨《ふま》の経典・不朽の聖典」といえるでしょう。

経題

摩《ま》訶《か》般《はん》若《にゃ》波《は》羅《ら》蜜《みっ》多《た》心《しん》経《ぎょう》

1章・「心」と「こころ」

——どのように「心経」を読んだらいいか

心経《しんぎよう》の精髄《エッセンス》は十文字の〝経題〟に尽《つ》きる

般若心経の内容を一言でいうと「空を知る知恵を体得して、純粋な人間性に立ち返る教え」となりましょう。仏教の教典《きようてん》の最長編は『大般若経』ですが、その精髄《せいずい》を抽出して組みたてられたのが、『般若心経』であるといわれます。この経典は多くの学者によって訳され、わが国へは旧訳といわれる鳩摩羅什《クマラジユウ》（三四四～四一三。インド人を父に持つ西域《せいいき》の僧で中国の優秀な翻訳家）の訳経が早く伝えられましたが、現在、広く読誦《どくじゆ》されている心経は、『西遊記』の三蔵法師《さんぞうほうし》（経・律・論に精通している僧のこと）で知られている玄奘《げんじよう》（六〇二～六六四）の新訳によるものです。

また、サンスクリット（古代インドの標準的な文章語）の原典に初めから経名があったのではなく、原文の結びに『般若波羅蜜多《はんにやはらみつた》の心髄おわる』とあるのを漢訳者が冒頭に持ってきて、『般若波羅蜜多心経』という題名にした――と仏教学者は申します。

さらに、「仏説摩訶《まか》般若」「摩訶般若」と、違った頭書《とうしよ》のある経本についても仏教学の上からいろいろの議論もありますが、ここでは、現在わが国で読みならされている「摩訶般若波羅蜜多心経」の経題で学習をしてまいります。

よく「名は体を表わす」というように、本文はわずか二百六十六字ですが、その一字一字に「ほとけ」のいのちが躍動しています。また、「摩訶般若波羅蜜多心経」の十字の経題にその精髄がよくまとめられています。

古人は、この十字の経題を「般若波羅蜜多をまなぶ」ことだと敬虔《けいけん》にうけとり、「般若波羅蜜多をまなぶことは、そのまま釈尊《しゃくそん》の教え——仏教を学ぶことに外《ほか》ならず」と考えましたが、まさにそのとおりです。

原典にない経題を、仏教知識と深い信心を持った漢訳者が、練りに練り思索に思索を加えて、訳経につけてくれたことをありがたく思うとともに、経題を学ぶことがいかに大切であるかを十分に確認してほしいのです。

「マカ不思議」の摩訶《まか》とは〝超越〟のこと

「摩訶」　マンガを見ていたら、ヨットを走らせていた探検隊が目標としていた大きな島が、突如《とつじょ》、消えてなくなりました。隊長は望遠鏡を取りおとして叫びます。〝マカ不思議！〟——。

隊長は知っているかどうかわかりませんが、このマカは梵語《サンスクリット》のマハー（mahā）で、音写（漢字の音で外来語の発音をあらわす）して「摩訶《マカ》」をあてているので、「摩訶般若波羅蜜多心経」の「摩訶」にあたります。しかし、不思議とか、ミステリーなお経という意味ではありません。

「摩訶」は〈おおきいさま（大）〉・〈すぐれたさま（勝）〉（時には、〈おおいさま（多）〉を含む）のすべてを包括《ほうかつ》した言葉ですが、通常は〈おおきいさま（大）〉の意に用いられます。しかし、いわゆるL型とかLL判といったような比較や形容ではありません。いつ、どこにでも欠かすことなく普《あまね》く存在する、という意味ですから、他のものと比較しての価値づけと受けとると「摩訶」のユニークな語感を失います。しかも、適当な訳語がないので、やむなく、玄奘は原語のままに残したので、気どって外国語を使ったわけではありません。

玄奘のこの虔《つつま》しやかな翻訳の心構えをふまえて、しいて現代人に把握してもらうために、私はマカを「超越的実存」とでも表現したらどうかと考えます。

ここでいう「超越」とは、時間・空間のタテ・ヨコのわくを超えて、いつ・どこ・誰にも実存するということです。

しかも、自分の内にあるとともに外にもあるという意味の超越です。大といい、多といい、勝というのもこの意味で、何かのライバルを置いての価値決定でないから訳しようがないのです。ここで誤ると、これからのお話が何もかもわからなくなってしまうので、特に確認をしてほしいのです。

こうした「超越的」存在のあることを誰もが意識しているとは限りませんから、無意識的実存とも申せましょう。このことをオーストリアの精神科医フランクルが『超越的無意識』と名づけています。フランクルの紹介者の一人である福井市在住の医学博士・米沢英雄《よねざわひでお》先生によると、「人間の深い意識の層の中にこの無意識の層のあることをフランクルが発見し、彼はそれを『超越的無意識』とも『実存的無意識』とも『宗教的無意識』とも名づけている。それは東洋でいう『仏性《ぶっしょう》』(誰もが持っている仏となるべき性質)の心ではないかということに思い到った」ということです。

このように、仏性を誰もが生まれながらにいつでも保有しているから、人間は「摩訶的(超越的)存在」ということができます。

水や空気のように内にも外にも在《あ》る

私は、この点について深く教えられたことがあります。昭和十二年の春に、木曾路《きそじ》をロバに乗って島崎藤村《しまざきとうそん》の生まれた馬籠峠《まごめとうげ》を越えたときです。

ロバの背から下を見ると、狭い街道に沿うて流れる小川で、土地の娘さんが野菜を洗っています。流れが速いからカゴを水中に沈めてその中で洗うのです。洗い終えてカゴを水からあげると、中の水が陽《ひ》に照らされて、きらきらと輝きながらカゴの外へ流れ出ました。

　私は、そのとき次のように教えられました。

　竹で編《あ》んだカゴだから水中に沈めると、当然、カゴの中に水が入ります。もとよりカゴの外に水があるからカゴの中にも水が存在するのです。逆に、カゴの中に水があるということは、水がカゴを外包しているからです。

　このカゴの内にも、外にも等しく水があるように、自分の内外に、目では見えないが、何か「共在し共存するものがある」というのが「超越」の一つの意味です。私の経験は木曾の馬籠峠という地上の一点でしたが、それを宇宙全体に置きかえて考えると、時間・空間を超えた、超越的実存——摩訶的実存とはどんなものであるかがうなずけましょう。

　たとえば、ゲーテの「私の中に神がなかったら、どうして天上の神を見ることができよう」という言葉の中にもこのことを感じます。

　しかし、「こころ」にしても「神」にしても、その実存は私たちの目や耳の、いわゆる五官や感覚の対象にはなりませんので、至道無難禅師《しどうぶなんぜんじ》（十七世紀の日本の禅者）は、「摩訶は大なり、身無きをいう」と定義されています。身無きですから、すがたがない、固定された形がない、固定形がないからどこにでもある。固定形のものは、かえって時と所から制限をうけることが多いのです。たとえば、空気は机の下にもポケットの中にも、東京にも大阪にもあります。「身無き」ゆえに見えませんが、時間や空間を超えての存在であるから「摩訶」です。私がいま使っている鉛筆は目に見える確実な存在ですが、それだけに現在・ここに限定されて隣室にはないようなものです。形のないものは時間や空間の制約を受けることは少なく、形のあるものはその制約を受けることが多いとは、こういうことです。虚空《こくう》（何もない空間）にも似ていますが、その虚空という限定もこえます。このように、「摩訶」とは、神秘的存在ではなく「超越的無意識実在」である――いいかえると、すべて「ものをものたらしめるいのち」です。

至道無難禅師が「摩訶は大なり、身無きをいう」とあるのを、もう一度味わいましょう。

「おろかさをかえりみず」――無難《ぶなん》禅師

さて、この無難禅師のところへ、ある日、一人の年老いた尼さんが訪ねてきて、手に持っている般若心経の講義書を見せて、

「私は無学の上にこんなに老人になってしまいましたので、昔の人の話されたこのご本をい

くら読んでも少しもわかりません。なにとぞわかりやすく般若心経のお話をしてください」と頼むので、禅師はあわれに思い、「自分のおろかさをかえりみず、ことばをそえ侍《はべ》るなり」と、心経の一句ごとにカナで短い言葉をおつけになりました。

禅師は「おろかさをかえりみず」といわれますが、禅師の禅法をついだのが正受《しょうじゅ》老人、正受老人の教えを伝えたのが白隠禅師《はくいんぜんじ》ですから、無難禅師は日本の禅の系譜の上で大きな権威者です。そのお方が「おろかさをかえりみず」と、慮《つつま》しやかに「語をそえ」て、まず「摩訶ハ大ナリ、身（形）ナキヲイウ」というふうに、難解な漢字を使わずにカタカナで短訳をつけておられます。本書でも、これからたびたび禅師の短いお言葉に教えていただきます。

ところで禅師は、このように「摩訶般若波羅蜜多心経」の題字を一つ一つ丁寧《ていねい》に説明されますが、本文の冒頭に「是ヨリ末ハ註也」（これからさきは〈摩、訶、般若、波羅、蜜多、心、経〉という経題の意義を説明した文章に過ぎない）と、はっきり言いきられるのです。

これをみても、古人がこのわずか「十字の経題」をいかに重視されたかがわかるではありませんか。

「般若《はんにゃ》」とは「知恵」、すべての存在の根源

「般若」「ハンニャのお面に角《つの》何本？」テレビのクイズです。問われるが早いか「二本！」の元気な声に「正解」のブザーが鳴りました。確かにハンニャの面に関するかぎり正解ですがハンニャそのものには角はありません。

ハンニャについて、私たちの遠い昔の先輩たちは、次のように正しく理解してうたいあげています。

「大品般若《だいぼんはんにゃ》は春のみづ（水）
罪《ざい》さう（障）こほり（凝・氷）のとけぬれば
万法《まんぽう》くざく（空寂）のなみ（波）たちて
真如《しんにょ》のきし（岸）にぞよ（寄）せかくる」（『梁塵《りょうじん》秘抄《ひしょう》』五十二番）

『梁塵《りょうじん》秘抄《ひしょう》』は、わが国の平安朝時代（七九四～一一九二）の末期、後白河法皇《ごしらかわほうおう》の編著になる「今様《いまよう》（平安中期から流行した新様式の詩）」集です。もし全巻が残っていたら、あの『万葉集』以上の大詩歌集ですが、惜しいことにその大半は失われてしまいました。

けれども、この詩ひとつ見てもわかるように、理解すべきことをちゃんと理解し、さらに完全消化して、当時の言葉でうたっているのに驚かされます。

般若心経の母体ともいうべき大般若経を大品般若《だいぼんはんにゃ》といいます。般若経に説かれてある内容を一言でいうならば、これから順を追って学んでゆく「空《くう》」の教えに尽《つ》きます。空《くう》について、現代人はいろいろと外国語を使い、多くの学問の助けを借りてきて説明しようとします。それでもなおわかりにくいのに、般若心経ではさらりと、巧みに表現してあります。私たちは、古人の努力に敬服するとともに発奮させられます。「ハンニャの面は角二本!」で得意になってはいけません。「ハンニャ」は、梵語《サンスクリット》で〈プラジュニャー（prajñā)〉、パーリ語でパンニャー（paññā)〉といいます。パーリ語というのは古代インドの俗語の一つで、当時のマガダ地方の用語です。釈尊の晩年にその教えが西方に広まるにつれて仏教の聖典用語となりました。

このパーリ語のパンニャーを音写して「般若《はんにゃ》」の字をあて、さらに、「知恵」と訳します。「知恵」と「知識」と違うことは序章で記しましたが（37ページ）、とかく同意語に解されたり、最近の「生活の知恵」などの新造語と区別するために「般若の知恵」と申したりします。当時の翻訳家が、この混乱を恐れて、永遠なる真実のいのち、さとりにめざめる英知を原語の音写の「般若」の名詞のままに残したのであって、これも「摩訶」と同じように、一部の人が非難するような外国かぶれではありません。

では「般若」とは、どのような知恵であるか。現代人の持っている単語の中で探すと、さしあたり〈理性〉――それも深い意味での理性に当たります。なぜかといえば、〝般若は仏《ぶつ》母《も》（仏の母）〟といわれるくらい、すべての仏教思想を生み出す基盤だからです。したがって、この場合の理性とは、すべての存在の根源という意味での理性です。あるいは、すべて存在するものの原点といってもいいでしょう。

釈尊の教えによれば、すべての存在の原点は「空《くう》」です。すると「空」を理解できることが「般若」の知恵です。いいかえると「最高の真理を認識する」ということです。

前節で「摩訶」とは、すがた形なく充満しているから「大」の意味を持っているが、今の言葉なら「超越的実存」といえようとお話しいたしました。また、無難禅師から「摩訶ハ大ナリ、身ナキヲイウ」と教えられましたが、禅師はつづいて「般若」に「般若ハ何モナキ所ヨリ出ルチエヲイウ」と、これまた寸言の説明です。すると「身ナキ」が「摩訶」であるから、この摩訶から出てくる知恵が「般若の知恵」となります。

とかく、摩訶を般若の形容のように解されますが、そうではなく、摩訶はすべての存在の原点である「空《くう》」のかたちで、般若は「空」のすがたなので同意語です。あるいは「摩訶」を「摩訶」たらしめるものが「般若」といってもいいでしょう。

〝まばたけぬ悲しみ〟を象徴する般若の面

「般若のお面《めん》に角《つの》何本?」という、テレビのクイズに登場した「般若の面」は、面打ち般若《はんにゃ》坊《ぼう》という名人が創作した能面《のうめん》の一つの型です。あのすさまじい表情は、悲しみと怒りをたたえた人間の心の動揺を、面上にあらわしたものです。つまり、知恵のこころがくらまされた逆現象の表現でありますが、たんにそれだけではなく、あの面を見る人に、怒りや悲しみがどれほど本来の人間性をくらますものであるか――ということを想起させるのです。

怒りの表情をみて、それがいかにみにくいか、能面の怒りの表情は自分の怒りそのものが投影されているのだ――、自分を自分に見せしめられるのだとの心の転じかた、つまり般若の知恵を逆に知らしめるのです。悲しみの表情の面を見ても同じです。能面には、すべてそうした願いがこめられているのです。

私は、沖縄が日本に復帰する以前に、現地で沖縄舞踊《ぶよう》を見ました。沖縄舞踊は日本の「仕《し》舞《まい》」の先駆といわれるだけあって、面《めん》もなく、歌詞も琉球語なので、意味はわかりませんが、手足の動きはお能そのものです。長い時間の間、舞姫は一つもまばたきをしません。空間のただ一点を凝視《ぎょうし》して舞うのです。

私は、舞いを見ながら、渡された解説書を見ると、胸のひきさけるような悲しい物語で、読みながら思わず涙をこぼしました。しかし、舞姫たちは、相変わらず無表情に、まばたき一つせずに舞いつづけます。

あとで彼女たちに、なぜまばたきをしないのかと聞くと、「まばたいてはいけないのです。まばたかず、目をあけっぴろげにひろげる修練を長い間積み重ねるのです」とのことでした。そのとき私は、その舞いの悲しい内容の詞《ことば》を思い出して、

「そうだ、まばたきをしてはいけないのではなく、まばたけないのだ。なぜなら、まばたきをしたら涙が流れ出てしかたがないからだろう」と気づきました。

私たちは泣いてはならぬときは、目をできるだけひらきます。テレビや芝居を見ていて悲しい場面に出あうと、泣き顔を人に見られるのが恥ずかしいままに、何くわぬ顔をして一所懸命に目をひらくようにするでしょう。映画なら場内が暗いからそっとハンカチを出して涙をぬぐえますが、明るいとそれができません。できることはカッと目をひらくだけです。

「まばたけぬ」悲しみや、切ない心情を、能面なしで舞う沖縄舞踊に見ました。私はその感

想をつづって朝日新聞の「心のページ」に『生きている能面・沖縄』と題して寄稿したことがあります。この心情をお面に打ち出したのが「般若の面」だと思います。悲しいとき、怒りのとき、カッと目をひらくのです。

怒りとは何か、悲しみとは何か、その原点を見つめるのが「般若の知恵」と申すものでありましょう。

般若湯《はんにゃとう》（酒）は、知恵をくらますもの

般若というと、「般若の面」に次いで「般若湯《はんにゃとう》」を連想します。

〝般若湯〟というのは〝酒〟のことで、坊さまたちの隠語だと辞書にあります。たしかにそうした使い方もありますが、本来は〝般若の面〟と同じように、〈知恵をくらますもの〉という逆の意味での戒めなのです。

酒は人を酔わせ、いろいろの問題を起こします。仏教では「無明《むみょう》の酒」といいます。無明とは、根源の真理に盲目であるということで、後に出てくる「因果《いんが》の真理」などにくらいために生ずる心の迷っている状態です。また多くの苦しみ、悩み、ふしあわせの根本原因になるから「根本《こんぽん》無明」（6章で詳述）ともいいます。実にやっかいなもので、誰が、いつ教えた

ともなく、いつの間にかそのように思いこむほど酔いつぶれているのですが、それを覚《さ》ますのはたいへんです。この無明の酒に酔ってはならぬ、その酒に酔った悲しい心を想起するために「般若の酒」と呼ばれたようです。こうしたことを踏まえて、次の今様《いまよう》を味わってみましょう。

般若の知恵のくらまされた悲しさを自覚するのが、人間に与えられた宿題です。されば、前記した今様『梁塵秘抄』に、

「大品般若は春のみづ（水）罪さう（障）こほり（氷）のとけぬれば……」

と歌い出さずにはおれなかったのでしょう。罪障《ざいしょう》の苦しみや無明《むみょう》の酒に酔うと、心は氷のように固く閉ざされるが、般若の知恵の光にめぐりあうと、とけて暖かい春の水のようになる、ぜひ、そうなってほしい、と現実を見つめての訴えです。

水はつねにさらさらと流れてほしいが、寒さにあえば固く凍るのはやむを得ない、ただそれが早くとける縁にめぐりあってほしいのです。

妙好人《みょうこうにん》（一般在家の浄土教信者で、学力はときに少ないが、他力安心《たりきあんじん》を得た人のこと）の庄松《しょうま》

さんという人が、

「となうれば罪もさわりも春の雪　ふりつつ消ゆるここちこそすれ」

とうたっています。

冬があるかぎり雪の降るのは覚悟しているが、願わくば春雪のように、降るかたわらから溶けて、たまる暇のないように――であります。

生きているかぎり、過《あやま》ちや悲しみや苦しみの多いのはやむを得ぬ。どうぞ、春の水が氷を溶かしてくれるように速《すみや》かであってほしいと、ただ雪解けを願うのです。氷と水とは申すまでもなく異質のものではなく、同じものの状態が違うだけです。

何も残らない否定

「万法《まんぼう》くざく（空寂）のなみ（波）たちて
真如《しんにょ》のきし（岸）にぞよ（寄）せかくる」

万法《まんぽう》とは一切の存在のこと。一切の存在が空《くう》であるという第一次の否定が「空寂《くうじやく》」です――これからのお話は詳しく心経の本文で学ぶ点です――が、空《くう》じ（否定し）っぱなしでは虚無になってしまう。ニヒリストといわれる人びとはこの第一次の否定にとどまるから、すべてが空《むな》しく空《うつ》ろに感じて、生きる気魄《きはく》を失うのです。レンズでたとえるなら、ただ一箇の凸レンズで外界を見ているようなもので、すべてが倒《さか》しまに見えます。錯覚どころか倒《さか》しまな認識ですから、「倒覚《とうかく》」といいます。

第一次の否定は、何を否定し、何を空じるかというと、自分を中心とする小さな思索を抹殺するのです。正しい認識を入手するには、このレンズを一度通過しなければなりません。が、しかし、そこに停滞して満足していては、ゼロの世界しか眺められません。そこでさらにもう一つの凸レンズにかけます。これが第二次の否定で、倒しまに写った風景なら、風景が反転して、もとの風景になります。風景そのものに変わりはありませんが、第一と第二の二箇の凸レンズを通ってのうえのことですから、同じ風景であって、同じ風景でない眺めがあるはずです。

否定したことをさらに否定する「否定の否定」は、結局「肯定」になります。しかし、この「肯定」は、二つの凸レンズを経る前のたんなる肯定とは違います。第一次の否定で、自分中心の考え方——「我執《がしゅう》」といいますが——を否定しましたが、この否定することそれ自体をもまた否定しないと、否定にとらわれて「空」の本来性に背《そむ》くことになります。つまり、存在を空なりと否定する「空」自身をも否定しなければなりません。空なりと否定されたその空もまた、実は空なりとされたとき、そこにはもう、否定されるものは何も残ってはいません。否定の否定ですから、これを絶対の否定といいます。否定の否定、絶対の否定の結果は、自分をはじめとするすべての存在が、そのまま真の存在として生かされ、肯定されてまいります。般若の知恵は、こうした仕組みを知る努力によって得られるのです。この点は「心経」の本文で幾たびもふれますから、ここでわからなくとも少しも心配はいりません。

そのように相当長い時間学ばないとわからぬ内容を、わずか「般若」の二字で包括してあるところに、経名が大きな重量と意義を持っていることを知れば、十分です。

『梁塵秘抄』の「今様」の作者が、この般若思想を「万法空寂《まんぽうくざく》の波《なみ》立ちて」と、空寂《くうじやく》のしずけさをも〝波立ちて〟と否定し、空寂にとどまることを戒める手法は、巧みさだけではできません。空の思想をよく理解し体得し、それを信じたうえで初めて表現できることで、その心境のすばらしさを賛嘆せずにはおられません。

さらに、空寂の波が、あいついで「真如《しんにょ》の岸にぞ寄せかくる」とうたう「真如の岸」が、経題の「波羅蜜多」にかかるとともに、これもまた、後で学びますが、経の本文の末尾に出てくる呪《しゅ》（真言＝羯諦羯諦《ぎゃてぃぎゃてぃ》　波羅羯諦《はらぎゃてぃ》　波羅僧羯諦《はらそうぎゃてぃ》　菩提娑婆訶《ぼうじそわか》）をも指向しています。

〝水は方円《ほうえん》の器《うつわ》にしたがう〟

「波羅蜜多」　般若波羅蜜多《はんにゃはらみった》とつづく「波羅蜜多」も梵語のパーラミター（pâramitā）の音写で、現代語の〈完成〉がこれに当たります。また、言葉の内容は、経の本文に出てくる仏道を修《おさ》める者が実践すべき全徳目を総称してパーラミターといい、この徳目を実践してさとりの岸に到達できるところから〈彼岸に倒れる状態〉と名づけられます。『梁塵秘抄』の「今様」の作者が〝真如のきしにぞよせかくる〟とうたうゆえんです。

無難禅師は、こうした語義と語感をふまえて、学問の少ない老尼に、「波羅蜜多ハ、マカヨリ出ルチエハ、イツク（いずく）ニモととこほ（滞）らず、ととま（止）らぬ也」と短章で教えられます。ひらがなの「滞《とどこお》らず、止《とどま》らぬ也」が本義で、その主語はカタカナの部分で「摩訶より出《い》づる知恵」だといわれるのです。

無難禅師は、摩訶・般若・波羅蜜多と切れ切れに取らず、摩訶は「空《くう》」の本体であり、般若は「空」にもとらわれぬすがた、そして「空」の自由のはたらきが波羅蜜多であるといわれます。そのはたらきもまた、〝滞らず、止まらぬ也〟で、小さな自己にもとらわれず、小さな感情に引っかからない自由自在のはたらきです。

悲しいときにはとことん泣くが、しかも、その悲しみに焦《こ》げつかない。楽しいときは底ぬけによろこぶが、しかもその楽しみにいつまでも食いついていない、それは悲しみや楽しみを、否定の否定を重ねてはじめて得られる自由です。

私たちは、この「自由」という言葉をよく使いますが、他からの制約や制圧を振り切って自由になるのもむつかしい。さらに、自分の感情や本能の指令をうけずに、欲望から自分を解放して、正しく自由に行動するのは、なおむつかしいから、訓練が必要です。他からだけでなく、自分が自分で自由になるのを、仏教では特に「大自由・大自在」といい、この自由を得た人を「自由人」と呼びます。〝ほとけ〟とは、この大自由人のことです。

この自由は「水」にたとえられます。氷の本質は水ですが、凍結した水に自由はありません。ことわざにも〝水は方円《ほうえん》の器《うつわ》にしたがう〟といって、どんな形の容器にいれても、水はそれぞれの容器の形のままに、こだわりなくいっぱいになることができます。しかし、氷にはその自由も寛容もないのです。とどまると水は凍ります。冬季に水道を凍らさぬために、水を少しずつ出しておく生活の知恵が必要であるように、無難禅師は、いみじくも「滞ってはいけない、止らぬように」との願いをこめて「いずくにも滞らず、止らぬ也」といわれるのです。

また、「今様」に「空寂の波たちて　真如《しんにょ》の岸にぞ寄せかくる」とうたわれるのです。

さらに、経の結びの呪《しゅ》（真言《しんごん》）「往《ゆ》ける者よ　往ける者よ　彼岸《ひがん》に往ける者よ　彼岸に全《まった》く往ける者よ　さとりよ　幸あれ」を指《さ》して、経題に「波羅蜜多」の語が置かれています。

生を愛し、死を嫌うのは偏愛である

ここで注意すべきは「往ける者よ！」といっても、日本から外国へ行くというような移動する意味ではありません。「今様」に「空寂《くざく》」とうたう「心のしずけさ」で、心の迷いが調整されたときの状態を「往ける」というのです。

よく「煩悩《ぼんのう》（私たちの心身をかきみだす精神作用の総称）をなくす」とか、「迷いをとる」と、いとも簡単にいいますが、生きている限り、それらはなくなるものではありません。修養といい、信心といっても、外科手術のように煩悩を摘出してしまうのではありません。煩悩や迷いを調整することです。

さとりとは、煩悩や迷いがなくなった状態ではなく、それらが、静められ、制せられてバランスの取れた状態のことです。テレビの画面を調整するのにも似ています。画面が乱れると波立ちますが、それをうまく調整するように、とかく波立ちやすい私たちの感情の波をおさめるのです。ただし、波をおさめる、ということにとらわれたり、滞《とどこお》ってもだめなのです。なぜなら、波立ってこそ水は腐敗しないではありませんか。あらしの波は舟を沈めるが、『さざなみ』のようなリズムのある波は好ましい波です。〝万法空寂の波たちて〟の波こそ、リズムのある「こころの波」です。リズムは「律」と訳されるように、人生にも「律動」と「基準」が大切だと思います。

私たちは、善事をしたといって誇ったり、悪事をする人をにくんだりしますが、それはあまり好ましいことではありません。生を愛し死を嫌うのは、死を愛し生を嫌うのと同様に「生」と「死」とを偏愛することになるので「空」の立場からいえば、いずれも正しくないのです。

生を空じ死を空じることと、生死を超越することとは別のことではありません。命ある限り、精いっぱい生きていくなら、自然に静かなる死につながるのです。

生と死をライバルにしなければ、自然に生死を空じた生き方ができるでしょう。それが理論的にいう般若の知恵というものです。ただそれを観念の遊戯とせず、肌に実感する訓練が求められます。

「私の命も線香花火ならば……」

私はまだ修行途上の未熟な人間ですが、未熟なりに感受したことを記します。

去る第二次世界大戦の末期に召集を受けたときは、戦争という異常な雰囲気に包まれて、きわめて簡単に「生」を否定し空ずることができました。しかし、幸いに生きて帰還してきたものの肺結核を病んで、かなり重患です。出征時と違い、平和になると、死ぬのがいやになり、恐ろしいのです。

出征のとき否定したはずの「生」の執着が盛りかえしたのです。私の死生観は、いわば凸レンズ一箇しか通過していなかったから、生を軽んずることは知っても、それを重んずるところまではいきませんでした。

私は、生を軽んずる心を、第二の凸レンズを通して否定していないから、中途半端でふらついて悩んだのです。たまたま、幼い長男が遊んでいる線香花火を寝ながら見ていました。はかない花火のあかりを自分の寿命に思いあわせて、私は考えこみました。

永遠の宇宙にくらべたら、人間の一生は線香花火のようにはかないと思うのはかんたんです。実際、そう信じたから戦争で死ぬのは怖《こわ》くなかったのです。

しかし、今は死ぬのが怖い――この矛盾はどこから生じたのか。とどのつまり、自分の力で、いわば自我で生き、自我で死ぬのだと思っていたところから生じた錯覚だと気がつきました。

生きようと思っても生きられず、死のうと思っても死ねないのが真実です。すると、自我で生きるのでなく生かされているのです。自我で死ぬのでなく、寿命が自然に終わるのです。それを自我の力で思うようにしようとするところに、自分で作った矛盾で自分が苦しむのです。

すると、線香花火にも等しい命もろき私が、やがて死ぬべき私が、今ここに生きている事実は、実にたいへんな意義があるのだと気づきました。線香花火のあかりは、私のいう第二の凸レンズの明るさとなって私を照らしてくれたのです。

そこで、「ようし、私の命も線香花火なら、湿ってプスプスくすぶったり、途中で消えることのないように、短い一生を完全に燃焼しよう。そして、自分も明るく周囲も明るく照らしてゆこう。照らさせてもらおう」と思いました。

ここに、はからずも「否定の否定」という第二の凸レンズが授けられたのです。こうして私は、「否定の否定」を経ての「肯定」がどんなに大切であるかを、しみじみと味わいました。

おかげで「余命は七年！」といわれた私が、今日まで生きのびて、こうして机の前にすわっておれるのです。

感情は「心」、その奥の不変のものが「こころ」

仏教の経典の多くは、インドの文字を中国の漢字やときには発音に合わせて訳されました。たとえば、サンスクリットのチッタ（citta）もフリダヤ（hrdaya）も「心」と漢訳しています。前者は〈精神の心〉で、後者は〈中心〉の意味です。『般若心経』の心はフリダヤで〈中心〉ですが、弘法大師《こうぼうだいし》は、この経典の内容から考えても、たんなる中心とか心髄というものでなく、「般若の心」であるといわれます。そして『般若心経』を、いわば『般若・心経』ではなく『般若心の経』と受けとられました。これが『般若心経』をもっとも正しく理解するゆえんです。

しかし、現代は「心」というと〈精神の心〉というよりも、悲しい心とか、心のたかぶりなどというように、人間の感情の状態を指す場合が多いようです。

私は便宜上、心の感情の状態を漢字の『心』で表わし、感情の底にある唯一の真実なものを『こころ』とひらがなで表わして区別することにしております。

この点をわかりやすく、例によって水で表わしてみましょう。

水面に立つ波には、当用漢字にないものもありますが、波をはじめ、浪・濤《なみ》・瀾《なみ》があって、それぞれ水の動揺する状態を表わしています。

「わがこころ　深き底あり　よろこびも　うれいのなみも　とどかじとおもう」は、西田幾《にしだき》多郎《たろう》先生の有名な歌です。「心の表面には、よろこび、憂いなどのさまざまの波が起こるが、自分には深いこころの底があり、そこまでは、それらの波もとどかないであろう」と、やはりこころを水にたとえて詠じられます。

浪も波も濤も、みな水であるとともに、その動く状態を指す字ですから、それぞれ「氵(サンズイ)偏《へん》」がついています。しかし、これらの字の旁《つくり》である良や皮や壽などを取りのぞいたサンズイ偏の「水」それ自身の存在が考えられるでしょう。

深ければ深いほど、底はいつも平静で、サンズイ偏自身の純粋な「水」自体のすがたが保てます。ところが、底が浅いと、風などで波だちます。しかし、風がやめば水面はまた静かになります。水をはなれて波浪のありようはなく、波浪も静まれば底の水と同一体です。波浪と底辺の水とは別ものではありません。

こころの場合も同じです。サンズイ偏に相当するのが「忄（リッシン）偏《べん》」です。それには恨・忙など、また「心」字を中心とする前記の悲・忘などがあります。「水」の場合と同じに、これらの旁《つくり》や、合わせ字を取り去った「心」字それ自体が考えられます。西田先生はこの「心」自体（この章の場合はこころ）を詠《えい》じていらっしゃるのです。

この「こころ」も水の場合と同じで、怒りや恨《うら》みはこころの波瀾《はらん》で（これが心です）、この波浪が静まれば水それ自身のすがたとなるように、「心」も「こころ」自体となります。感情を去ってこころはありませんし、こころを離れて感情はないのです。こころと心とは同一体で、ただありようの差に過ぎません。が、波浪の下にいつも不動の水底があるように、感情の深層に不変のこころが厳存するのです。

「こころとは般若の知恵のこころ」

無難禅師は、題字の心経の注に「身ノ悪、消しつくすヲイフ。それヨリ出ルハミナ経ナリ」と、これまた両ガナを使っていわれます。

「身の悪を消しつくす」とは、煩悩《ぼんのう》（心身をかきみだす精神作用の総称）を消しつくすことですが、前記したように（79ページ）、生きている限り煩悩を抹殺することはできませんから、煩悩の波を静める意味で、禅師がいわれていることは申すまでもありません。波をしずめるのには、すべての現象や存在に身びいき、身勝手の考え方に執着しないこと、停滞しないことです。

これ以上は、心経本文の「心」の箇所にゆずりますが、一休禅師がいわれた、

「心経とは般若の心なり。この般若の心は一切の衆生《しゅじょう》もとよりそなわりたる心なり……」

つまり、「心経とは、般若のこころである。この般若のこころは生命あるものに本来具備されているところのこころである」ということだけを学んでおきましょう。

一休禅師は「心経」とは、と言い出されますが、さらに改めて、「経とは……」と説かれますし、この内容を読んでも「心」にしぼっておられるのは明らかですから、「心」について語られたと受けとってよいでしょう。そして、この「心」は感情でなく、感情の下の深い層の、私のいう「こころ」であることも確実です。読みかえると「こころとは、般若のこころなり」となり、般若という知恵のこころと同体であると言いきられるわけです。

一休禅師も無難禅師と同じく、この経題を般若の一点にしぼられるのです。そして、この

こころは、「般若のこころ」で、誰しもが本来自分に具《そな》えているもので、それ自身清浄なもので、名のつけようのないものだといわれます。

白隠禅師は白隠禅師で「こころ」には、名のつけようがないから、もともと名がなかったのをまちがえて、「心（こころの意味）」と名をつけてしまったのだと、きわめて手きびしい。しかし、やはり「摩訶般若波羅蜜多心」という一つのいのちの流れを認得しての発言です。

つまり、波羅蜜多心の「心」とは、感情の心でなく、人間本心の「こころ」であり「摩訶般若波羅蜜多のこころ」と実感することにほかなりません。

今までのところを総復習すると、「誰もが、いつ、どこでも持つ超越的実在の深い理性のこころ」となります。「摩訶般若波羅蜜多心経」が「般若心経」と要約され、さらに「心経」の二字につづめられるゆえんです。

盲目の大学者、塙保己一《はなわほきのいち》は「耳で読んだ」

玄奘《げんじょう》三蔵法師がこのお経の訳者の一人であることはすでに記しました（60ページ）が、玄奘は、当時「唐《とう》」と称した中国本土からはるばるインドへ行き、十六年間インドで学んで六四五年（日本ではちょうど大化《たいか》元年の大化改新《たいかかいしん》のときにあたる）に帰国して、インドから経典を中国に伝えました。

玄奘と般若心経との最初の出会いは、旅のはじめごろ、益州《えきしゅう》の空恵寺《くうえ》を訪ねたとき、たまたま病気で寝ていたお坊さまから、梵語の「般若心経」を口伝えてもらったのが始まりです。それからの長い苦しい旅路で、玄奘はさまざまの危険に出会うのですが、彼はいつもこの般若心経を読みつづけていたといわれます。

この梵語の発音をそのまま漢字に音訳したのを「唐梵翻対字音般若波羅蜜多心経《とうぼんほんたいじおん》」といい、中国甘粛省《かんしゅくしょう》の西北端、敦煌《とんこう》県にある石室から発見されました。その序文の中に、「玄奘は、後に中インドのナーランダ寺で、さきほどの病僧に再び出会ったところ、病僧は〝われは観世音菩薩なり〟と玄奘に告げて空に消え去った」という伝説が記されてあります。このお経を玄奘が帰国後、漢訳したのが、今日の般若心経です。玄奘はたんなる文字の翻訳者でなく、思想を伝え、自らもお経をよく読みました。

次に、日本でこの般若心経を最も多く読んだのは、なんといっても塙保己一《はなわほきのいち》（一七四六～一八二一）でしょう。彼は今の埼玉県本庄《ほんじょう》市付近で生まれた江戸中期の有名な国学者です。不幸にも、五歳（七歳とも）で盲目となり、十二歳で母と死別した悲劇の人です。

彼は生活のために琴《こと》と鍼《はり》を習いましたが、ものにならず、後に賀茂真淵《かものまぶち》らについて国文学を学んだところ、抜群の努力と異常な記憶力で国学だけでなく、中国文学にも通じました。もちろん、盲目で字は見えないから、人に読んでもらって聞くのですが、二十五、六歳のころには古今の有名な本の大部分を人に読み終えてもらい、それをことごとく暗記しました。

二十七歳のとき、亀戸《かめいど》の天満宮《てんまんぐう》に参詣《さんけい》して、向こう一万日に、毎日般若心経を百巻ずつ、つまり「百万読誦《どくじゅ》」を誓います。それは、かつて鍼《はり》の先生であった雨富検校《あめとみけんぎょう》からの「世に名を残すほどの事業をするには、神仏のご加護がなくては不可能だ」との注意に従ったのです。

保己一は「百万巻心経読誦」の誓いとともに、その半分の五十万巻に達するまでに、書物千冊を読んでもらおう。心経百万巻を読み終わるまでに、それまで暗記した書物を全部出版しよう――との大願をおこしました。彼は、心経を十巻読んでは用意の紙のこよりを小箱の中に一本ずつ入れ、彼の妻がそれを数えて手帳に記入します。誓願「万日」はおろか、保己一が七十六歳で没するまでの四十九年間、一日も怠りませんでした。

彼のこの看経《かんきん》(お経を読むこと)の記録は現存する『般若心経御巻数帳《おんまきかずちょう》』に残されています。一日百巻ずつで一カ月三千巻、一カ年三万六千巻、四十九年間に百七十六万四千巻ということになるのですが、『巻数帳』は「二百一万八千六百九十巻」――二十五万四千六百九十巻の〝増〟を記録しているので、ときには日に二百巻も心経を読んだと思われます。

そして、彼は発願《ほつがん》の『群書類従《ぐんしょるいじゅう》』という叢書《そうしょ》を完成します。この叢書はわが国の古文書《こもんじょ》や昔の書物を集めて校訂《こうてい》（定本と他の伝本と比較訂正すること）を加え、正編五百三十巻、続編一千巻を越える膨大なもので、日本の国学研究に大きな貢献をしました。

塙保己一は、盲目であるから、心経はじめ、古い書物も人に読んでもらって耳で聴き、暗記するとともに、こころで深く思索したのです。ゆえに私は「保己一は耳で読んだ」と申したいのです。普通、本を読み終わるのを「読破《どくは》」といいますが、彼の場合は「聞き破」ったというべきでしょう。このように、口でなく耳で読み、こころで深く思考する看経《かんきん》により、彼は、澄みきった『こころの眼』を開くことができたのです。

怨《うら》みに報《むく》いるに怨みをもってせず……

ある雪の日、彼は平河天満宮へ参詣に出かけました。折り悪《あ》しく、高下駄の鼻緒《はなお》が切れたので、境内《けいだい》の『前川』という版木屋《はんぎ》（出版業者）の店の者に、ヒモでもいただきたいと頼みました。店の者は、無言でヒモを彼の前にほうり出しました。盲目の彼が、ようやく手さぐりで探しあて、鼻緒をたてるそのしぐさがおもしろいと、店の者たちが手をたたいて笑うので、彼はいたたまれず、顔を赤らめてすごすごとはだしで帰りました。

やがて、苦心の『群書類従』が完成して出版するにあたり、彼は幕府にこの『前川』を「版元」に推薦したのです。何も知らぬ主人が、保己一に推挙の礼をいうと、保己一は、「私の今日あるのは、あのときうけた軽蔑に発奮したのが動機であるから、私のほうがお礼を申しのべたい」と、見えぬ目に深いよろこびを浮かべて語ったということです。

怨《うら》みに報《むく》いるに怨みをもってしたら、永久に怨みはなくなりません。その相手を救おうと努力するところに、怨みはおのずから消えるのです。それが怨みを忘れずして、しかも怨みを空ずることになります。「心経」の知恵が、ここに躍動しています。災難を逃れるのもありがたいことですが、人生の逆境に立たされたとき、聖《きよ》らかに、楽しく生きてゆける動力を、自分の中に開発できるのがお経の最上の功徳《くどく》でありましょう。

なぜなら、お経は、釈尊が、さとったこころの内容を語るものですが、ほとけのこころそのものは、言葉で言い表わすことはできません。私たちはお経を読み、その導きによって、人生の深い真実なものをうなずきとった釈尊のこころに直結できたとき、ほんとうに「字で書かれたお経」が読めたといえるでしょう。

字が読めない人のための「絵心経《えしんぎょう》」

「心経」は、宗旨の区別なく多くの人々に読まれています。しかし、学問のない人たちのために、左ページの写真にあるような『絵心経』が用意されてありました。原作は誰の手になるかわかりませんが、マカは「釜」の絵をさかしまに、ハンニャは「般若の面」が書いてあるといったしくみです。これなら、文字を全く知らない人でもよく誦《よ》めます。よく「絵になる××」といいますが、「絵心経」こそ、絵になった楽しいお経です。最近は「マンガになったお経」もあるようですが、「絵心経」に心にしみとおるあたたかさを感じるのは、作者の心が読む人に伝わってくるからでしょう。

また、最近、私のところへ盲人のために作られた「点字の般若心経」が送られてまいりました。

経文だけで永遠のいのちはつかめない

玄奘三蔵法師一行は、苦心してインドへたどりつき、ようやく、待望の経典を受けつぐことができました。ところがその帰途、突風のために、大切なお経がみんな空に舞いあがってしまいました。お供《とも》の孫悟空《そんごくう》らがあわててひろい集めてみると、驚いたことにどの巻物に

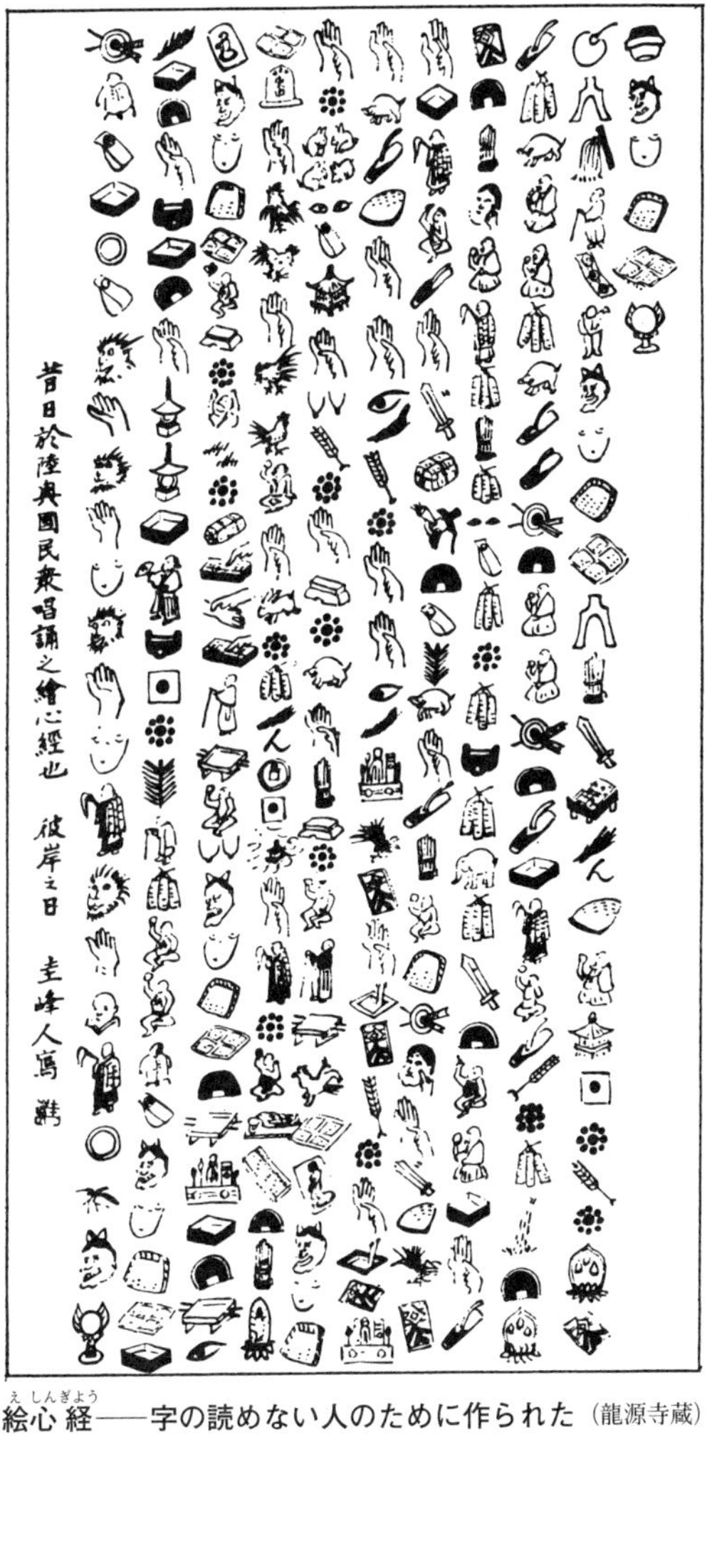

絵心経《えしんぎょう》——字の読めない人のために作られた（龍源寺蔵）

も、お経どころか文字一つ書いてないのです。

怒った孫悟空が、お釈迦さまのところへ帰って大声でどなりました。お釈迦さまは、微笑を浮かべながら申されます。

「いや、お経というものは、字の書いてないもののほうが、書いてあるのよりは上等なのだよ。世の中の人たちは、字の書いてあるお経ばかりをありがたがって、字の書いてないほんとうのお経を忘れている。しかし、そうは言っても信用しないだろう。まあまあ、しかたがないから、字のあるお経を持ってゆきなさい」と（創元社・世界少年少女文学集『西遊記』）。

少年少女にわからせるために、というよりも、深い味わいを含んだ挿話です。言葉や文字では、表現したくとも表現のできない「思想」のあることを暗示しています。

また、文字で経典の意味を理解し、つぎに文字のない無字の経——あらゆる現象を経典としてよみとる必要が、この一文によく盛られています。

「声もなく香《か》もなくつねにあめつち（天地）は　書かざる経をくりかえしつつ」と、詠《よ》んだ二宮尊徳翁《にのみやそんとくおう》のこころもこれに近いでしょう。

春になれば、花は黙って咲き、秋になればしずかに葉が散ります。朝な朝なに太陽は東に出て、夕な夕なに西に没します。大自然の道理がそのまま明確に、文字でなく事実で教えていてくれるのです。

山にこぶしの花が咲けば、田植えのときがきたことを、暦《こよみ》がなくても私たちの先祖は肌に感じたのです。この「花に学ぶ」こころが日本の「花道《かどう》」のはじめだといわれます。

それらは、決して言葉や文字をただ否定するのではありません。否定の否定という二つの凸レンズを経てのことであることは、道元禅師《どうげんぜんじ》（一二〇〇〜一二五三。日本の曹洞宗《そうとう》の開祖）の「いいすてしその言《こと》の葉の外《ほか》なれば　筆にもあとをとどめざりけり」の歌意を汲《く》めば、よくわかることです。また、古人が「経によって義を解するは三世《さんぜ》諸仏の怨《うら》み、経の一字を離るるを要す」（聯灯会元《れんとうえげん》）と戒めます。

「三世諸仏の怨み」とは、永遠のいのちに背を向けるというほどの意味で、「お経の文字だけで人生のほんとうの意味を知ろうとするなら、永遠のいのちはつかめないだろう」ということになります。このところを一休禅師は「心経とは般若の心（こころ）なり」、無難禅師は「之《これ》（こころ）より出づるは、みな経なり」と同じ意味あいで、「こころ」がお経だと提唱されます（私が、この章の前半で、「心」と「こころ」とを区別した点をご参照ください――84ページ）。

自然の行《うご》きの中に人生の意味を……

京都に東福寺を開いた聖一国師《しょういちこくし》（一二〇二〜一二八〇）も、やさしい日本文で、

「経だらに（梵語で、善法を保ち悪法をさえぎる言句）というは文字にあらず、一切衆生《しゅじょう》の本心なり。本心を失える人のために、さまざまのたとえをとりて教えて本心をさとらしめ、迷いの生死をとどめんがための言なり。本心をさとり根源にかえる人、真実の経をよむなり。文字をまことの経というべからず」（聖一国師仮名法話。一部かなづかい変更）

言葉はやさしいが、びっくりするような発言です。「経だらにというは文字にあらず」と常識的なお経に対する考えをぴしゃりと否定されたのです。本心をどこかへ見失ってしまって、あれこれと迷いに迷いを重ねている人のために、迷いの酔いをさとらせるためのたとえであって、文字がまことの経ではない。まことの経とは、酔いをさまし、自分が自分にたち返る人が真実の経をよむのだ。お経とは誰もが必ず持っている人間の純粋な「こころ」をさすのだ、と実に明快に示されるのです。

日本の禅の大偉人の白隠禅師《はくいんぜんじ》は『延命十句観音経《えんめいじっくかんのんきょう》』という般若心経より短いお経を毎日欠かさず読誦されました。このお経は学問的には偽経とされていますが、禅師はそんなことに頓着《とんちゃく》なく、「かくばかり霊験《れいげん》ましまして世上を利益《りやく》したもうからは、近松門左《ちかまつもんざ》が作にせよ

志道軒(しどうけん)が説にもせよ、随分信仰申し、昼夜に読誦し……」(『延命十句観音経霊験記(れいげんき)』)

「これほど霊験があって人をしあわせにするなら、お釈迦さまのお言葉でなくとも、近松門左衛門（江戸中期の浄瑠璃《じようるり》作家）や志道軒（同期の講釈師）の説でもかまわぬ」とは愉快ではありませんか。お経は読む側にあるのです。聖一国師のいわれるように、「真実の自分にめぐりあう」ことです。幸田露伴《こうだろはん》も般若心経をよく誦《よ》んで、『般若心経第一義注』という研究論文までであります。その前書きに「聖賢の語を解くの最勝法《さいしよう》は、無言の言、即《すなわ》ち行《ぎよう》をもって説くの法なり」とあります。

お経がわかるための最上の方法は、黙って実行することだともとれますが、大自然の生態、風光、現象の行《うご》きの中に、人間のあり方を、人生の意味を、生きがいをうなずきとる、という意味に私はとります。すでに尊徳翁の、「声もなく香《か》もなくつねにあめつちは　書かざる経をくりかえしつつ」の歌を挙げました（94ページ）が、自然は私たちの前で、字で書いてないお経を、惜しむことなくくり返し読んでいてくれるのです。ただ、こちらの受信装置が貧弱なのでキャッチできないだけです。

小野道風《おののみちかぜ》（とうふう、とも。八九四～九六六。平安中期の有名な書家）は、カエルが柳に飛びつくすがたを見て「人生とは努力することだ」と気づいて、書道に励んだと伝えられます。

カエルも柳も道風に教えようなどと考えてはいなかったでしょう。無心に柳はたれさがり、無心にカエルが飛びつくのをみつめているうちに、彼は、みごとに「字で書いてないお経」にめぐりあい、目でお経が誦《よ》めたのです。

私たちは、お経についていろいろの角度から学んできましたが、「文字で書かれてないお経」という一節は異様にひびき、文字を軽く見ていいように受けとられたかもしれません。しかし、一字一句を敬虔《けいけん》なこころで読めぬような高慢な態度で、どうして無字の経が読めましょう。また、山水や花鳥と、こころの交流のできない、こころの貧しい人が、どうして人間のことばを理解できましょう。この点を知らなければなりません。

この心がまえで、『心経』を読みつづけてまいりましょう。

2章・人の痛みと自分の痛み

——苦しみが苦しみでなくなるとき

観自在菩薩《かんじざいぼさつ》　行《ぎょう》深般若波羅蜜多《じんはんにゃはらみった》時《じ》
照見《しょうけん》五蘊皆空《ごうんかいくう》　度《ど》一切《いっさい》苦厄《くやく》

観自在菩薩《かんじざいぼさつ》、深般若波羅蜜多《じんはんにゃはらみった》を行《ぎょう》じし時《とき》、五《ご》蘊皆空《うんかいくう》なりと照見《しょうけん》して、一切《いっさい》の苦厄《くやく》を度《ど》したまえり。

全知者である覚《さと》った人に礼したてまつる。

求道《ぐどう》者にして聖なる観音は、深遠な知恵の完成を実践していたときに、存在するものには五つの構成要素があると見きわめた。しかも、かれは、これらの構成要素が、その本性からいうと、実体のないものであると見抜いたのであった。

(1) “怨《うら》み”と苦悩からの救い

「人間的とは苦悩することである」

「観自在菩薩《かんじざいぼさつ》」「観自在菩薩《かんじざい》」とは「観世音菩薩《かんぜおんぼさつ》」つまり「観音さま」のことです。原語はアヴァローキテーシヴァラで、玄奘《げんじょう》の大先輩の鳩摩羅什《クマラジュウ》が、「観世音」と訳したのを、玄奘が新たに「観自在」と訳したのです。

いずれにしても、歴史的に実在した人物ではありません。仏教には「三世三千《さんぜさんぜん》の諸仏《しょぶつ》」といわれるほど、多くのほとけのお名があります。三世とは、過去・現在・未来で、それぞれに千仏、あわせて三千仏の名があります。しかし、肉体を具《そな》えて、この世に生まれて、そして亡くなった実在のほとけは、釈尊《しゃくそん》（お釈迦さま）だけです。阿弥陀《あみだ》さま、お地蔵さま、その他数々のほとけたちは歴史的に実在したお方ではありません。しかし、「偶像《ぐうぞう》」でもありません。

多くのほとけたちは、釈尊がさとられたこころの内容の「象徴《しょうちょう》的存在」です。象徴とは、目や耳などの対象にならない抽象的な内容を、何かの形をかりて具体的に表現することです。

釈尊のさとりの内容は感覚ではとらえられないから、ほとけの名として口で唱《とな》えることによって実感します。たとえば、阿弥陀とは「永遠のいのち、無量の光」の意味です。さらに、後記するように、目で見、手で触れられるように「仏の図絵」や「仏像」として表現されます。しかし、どこまでも「象徴」であって「偶像」ではありません。

釈尊のさとられたこころとは、前にも少し触れました「超越的無意識」です（63ページ）。超越とは、時間と空間を超《こ》え、誰彼《だれかれ》の区別なく、人間の肉体の内にあるとともに、外にも存在するということ。いつ・どこ・誰にでも保有されているが、気がつかないから、無意識的存在だ――というフランクルの説を紹介しました。またそれは、エゴ的な自我心の底に潜《ひそ》んでいる自己のこころであると申しました。この、こころを、誰もが、埋もれた存在として持っていることをさとられたのです。そして、この「こころ」を象徴したのが、三千の諸仏のお名とお姿なのです。

仏像に接すると、人間的な点とそうでない点とを感じます。仏像は人間に模して作られたという人もありますが、そうではなく、どこまでも「こころ」――「超越的無意識」を表現するためなのです。人間に似ているのではなく、この「こころ」を人間も持っているから、そう見えるのです。人間の持つ本心が「ほとけ」の「こころ」に通じているからなのです。

東京大学教授の鎌田茂雄《かまたしげお》氏は、

「人間を離れずに超人間的な美しさをたたえている——それを仏像に彫《ほ》るということが一番むずかしい。たんに人間くさいもの、超人間的なものなら易《やさ》しい。超人間的とは、迷いとか煩悩《ぼんのう》を超えたということである。人間的とは苦悩をすることである」(46・5『在家《ざいけ》仏教』)

といわれます。たしかに、人間ばなれをしたものは彫るのも描くのもやさしいでしょう。マンガに出てくるスーパーマンや、さまざまの怪獣群はみな人間ばなれをしているから、あとからあとからめじろ押しにデビューしますが、仏像はそうはいかないのです。

千手千眼観音《せんじゆせんげん》は人間の苦悩の姿

仏画に見る鬼や餓鬼《がき》は「怪獣」ではありません。後記するように、それらにみな「思想」を持たせているのです。今の怪獣マンガには、悩みや思想はあまりないようです。

千個の目に、千本の手、またその手の一本一本の指に一つずつ眼がある「千手千眼観音《せんじゆせんげん》像」に外人がびっくりして〝グロテスクだ〟と叫んだそうですが、怪奇なのは仏像でなくて刻々に変動する人間の心の状態のほうです。人間の持つ苦悩や希望が嘆きと願いとなって、釈尊の教えに導かれつつ、そうした姿態でしか表現できなかったうめきを感じ取ることです。すると、仏像は怪奇でも、偶像でもないことがわかります。偶像どころか、いまの自分のすべてであるとともに、理想を宿した自分の真の相《すがた》だと凝視《ぎょうし》できるはずです。

たとえば、哲学者の梅原猛《うめはらたけし》氏が西国《さいごく》五番の札所《ふだしょ》、葛井寺《ふじいでら》（大阪府藤井寺市《ふじいでら》）の千手千眼観世音像に対し、

「千本の手の見事さ、その手は救済者の手のはずなのに、どうかすると私にはその手が苦悩する民衆の手のように見える……私はこの手は無明《むみょう》の闇から突き出して、天に向かって何ごとかをわめいている手のような気がして仕方がない。ある手はもだえるようであり、ある手は訴えるようであり、ある手はうめくようであり、ある手は祈るようですらある。無数の欲望と無数の欲望の挫折の仕方に応じた無数の苦悩。その無数の苦悩の微妙な陰影がさまざまな手の表情になって現われているようである」（『仏像に想う』講談社現代新書）

と解説されますが、むしろ梅原氏ご自身の表白《ひょうはく》と願いが、ひしひしと感じられるではありませんか。古来、すぐれた仏教美術家は、自分の美的感情とともに人間のあるがままの姿を悲しみ、あるべき姿を祈念して、自分が到達した信心を表現するのにつとめたのです。心経の場合、それらが象徴されたのが観音さまの像であり、その像の背後をささえるのが、観

音のこころであり、釈尊のさとりのこころです。

観音さまは実在されない、観音像を拝むのは偶像崇拝ではないことは、すでにご理解いただけたと思います。

では、観音さまは釈尊のさとられたこころ――超越的無意識――のどの点を象徴されたのかを、学ぶ段階になりました。釈尊は、このことについて次のように語られるのです。

苦しみを体験してわかる他者の痛み

早離《そうり》と即離《そくり》は、幼い兄弟である。両親に早く死別したので毎日泣いていると、ある心のよくない男が、父母にあわせてやるからこの小舟に乗れと誘った。二人はだまされたとは知らずにその言に従う。小舟は沖あい遥《はる》かに浮かぶ名もない小島につけられて、幼児二人をおろすと、その男は舟を漕《こ》いでもとへ帰ってしまった。

二人の子は、狭い島の中をかけめぐって親を探すが、いるわけがない。ついに飢えと疲れでその島で果てるのである。臨終にさいして弟の即離は、自分たち兄弟の薄命を嘆く。黙って聞いていた兄の早離は弟をなだめていう。

「わたしもはじめは世を呪《のろ》い、人を怨《うら》んだが、この離れ小島ではどうにもならぬ。ただ身をもって学んだことは、親に早くわかれ、人にだまされることの悲しさと、飢えと疲れの苦しさである。されば、つぎにこの世に生まれてくるときは、この苦悩の体験を縁として、同じ悲運に泣く人たちを救ってゆこう。他をなぐさめることが、自分がなぐさめられる道理であることを、われらは学んだではないか」と。

弟は、はじめて兄のことばを理解すると、はればれとした顔となり、互いに抱きあって、息絶えたが、二人の顔にはしずかな明るい微笑が浮かんでいた。兄が観世音菩薩、弟が勢至《せいし》菩薩であった。この島が補陀落山《ポータラカ》（白華山《はくか》・日光山《にっこう》と名づく）である。

セイロンからビルマ、タイへ伝わったパーリ語の仏教聖典、いわゆる、『南伝大蔵経《なんでんだいぞうきょう》』のシリーズの『華厳経《けごん》』に見る悲しくて美しい説話です。古い物語ですが、近代人の思索によびかける真理を持っています。

「早離」、「即離」とは、それぞれ「早くはなれる」「すぐに別れる」の意味を持っています。生まれると間もなく、あるいは、ただちに親と別れる子どもは現在でも多い。それはまた親子間とは限りません。欺《あざむ》かれて離れ小島につれられ、帰るに舟もないとは、生きている現実の世界そのものです。この兄弟の名前は、やり直しのきかぬ、二度と返ってこない、かけがえのない人生を暗示しています。

この逃避できない人生という名の小島で出会う幾多の人生苦が、親を求めたり、飢えと疲れで一生を終わる二人の兄弟の物語で代弁されています。弟は怨みと苦悩だけが、島の、つまり人生のすべてのように思っていましたが、兄は苦悩を体験することによって、他者の苦悩までもよく実感できたのです。他に奉仕することが自分の救いであること、自分の不運を嘆くだけでは自分は永久にしあわせになれぬこと、他に奉仕して、はじめて自分が浮きあがれる道理が見えてきたのです。経験できたのです。

人間は、追いつめられると、このように価値を創造しようとする意欲が、無意識のうちに自分の奥底に埋《うず》みこまれていたことを、意識として実感できることをこの物語の作者は説かれたのです。私たちは、難関に当たったら勇気を持って生きていかねばなりません。しかし、苦しみを体験してはじめて、他の苦しみが理解できるのです。だから、どんなに自分が苦しくても周囲の人によくしてあげ、ともに明るく生きてゆこうと努《つと》めることは、より大切なことです。

私たちは、大きな眼をひらいてみると、自分のまわりの誰彼から、何らかの恵みを受けて生きているのです。ときには、自分に辛《つら》く、意地悪く当たる、という逆のかたちで表われる冷たい恩恵もあります。それを、温かにして人々に返すところに、怨みが昇華《しょうか》（ある状態から、さらに高度の状態へ(飛躍すること)されて、すばらしい慈愛《じあい》に変わります。かくて、自分も他人もともに救われるのです。それを仏教では「供養《くよう》」といいます。

背《そむ》かれ裏切られても憐《あわれ》みを増す「慈《じ》」のこころ

怨《うら》みに報いるに、怨みをもってしていては、いつまでも怨みは消えはしません。相手を救うことによってのみ怨みは解消するのです。

万物は、こうした意味で相互に助けあって、ともに幸福に生きるのです。万物は、すべてのものから恩恵を受けつつ、すべてのものに報恩する〝相互乗入れ〟の関係にあるのです。これが華厳経《けごんきょう》をつらぬく『一即一切《いちそくいっさい》・一切即一《いっさいそくいち》』――個と全体とは切っても切れない関係にある。個の中に全体があり、全体の中に個がある、と、個と全体の関係を密接に見ることによって、人生を正しくつかむことができる――の思想であり、このことは右に述べた「観音さまのおはなし」の中で知ることができます。

また、「次の世に生まれる」ということも、時間的、空間的に遠い問題ではありません。自分の心の過《あやま》ちに気がつき、新しい人生観が芽ばえる契機です。

ちょうどテレビのチャンネルを切りかえ、ラジオのダイヤルを合わすのに似ています。死んでまた生まれてくる、との表現は、自分の狭い考えが広く深い考えに生まれ変わることをさすのです。

補陀落山《ふだらくせん》（ポータラカ）は、南インドの海中にあると想定されていますが、もちろん地理上の話ではありません。悩みの多い人間の心の海に浮かぶオアシスです。訳語の「白華《はくか》」は、無色純粋の清らかさのこと、「日光」は陰影のない光明のことです。この二つの訳語で補陀落山の持つ意味が、よくうかがわれます。

釈尊のさとりを象徴する「観音さまのこころ」の一つが「慈悲《じひ》」です。「慈」は「友情」の意味ですが、特定の友だけにではなく、誰彼の別なく、友情をささげるという意味です。また「悲」は悲しみでなく、うめきです。わが苦悩にうめいた者だけが、他者の苦悩のうめきに同苦できる思いやりをさします。このこころが、上記の「補陀落山」の話に香り高く盛られていると思います。

また、慈悲は愛と異なります。慈悲は同じ床《フロア》にあっていとおしみあうので、高いところから施すものではありません。また、裏切られたとき憎しみに変わる愛と違い、背《そむ》かれれば背かれるほど、裏切られれば裏切られるほど、憎しみよりも憐《あわれ》みを増すのが慈悲です。

次に、この物語の中に「般若の知恵」が流れています。このことについてはすでに1章で学習ずみで、「すべての存在の原点は空《くう》であると認識する最高の真理の認識」と定義しました（69ページ）が、それをこの補陀落山の話では感取してほしいのです。

（早離が観世音菩薩の象徴に対し、即離が勢至《せいし》菩薩とありますが、それは自分の偏見を兄の忠告によって、ただちに正しい方に転じた意志力を表わしています）

「観音」とは〝音《おと》を観《み》る〟――「不立文字《ふりゅうもんじ》」の象徴

「観世音《かんぜおん》」を略して「観音《かんのん》」とは不思議な命名です。

音は聞くべきであるのに、「音を観ずる」「音を観《み》る」とはどういうことを意味するのでしょうか。

香道《こうどう》とか香合《こうあわ》せという遊戯が一部の人たちの間で楽しまれています。香《こう》をたいてそのかおりで香の名をあてるのですが、このときは「香をかぐ」とはいわずに「香を聞く」と申します。香《かお》りは鼻が嗅《か》ぐべきなのに、「聞く」という「耳」が持ち番となるのに似ています。

「観」は、字典に〈明ラカニ見ルコト〉とありますが、なお不十分で、むしろ〈ツカム〉という動的な意味のほうが近いようです。音声や言葉の底に何があるか、言葉や音声になる前の心は何であるか、と音を超《こ》えて心と直結してつかむことです。

別にむつかしく考えなくともよろしい。赤ちゃんが泣く。言葉をまだ知らぬ赤ん坊は、ことあるごとに泣きます。その声によって、赤ちゃんの空腹やおしめのよごれが見え、理解されるのも「声を見る」ことではありませんか。他人には、赤ちゃんの声は一様に聞こえても、母は、わが子の泣き声で目に見えないものが見え、聞こえる働きをそなえています。それは母に慈悲のこころがあるからで、このこころが、目に見えないものを私たちの心中に見せてくれるのです。ここに観察する「観察知《かんさつち》」という知恵のあることがわかります。また、「観」の字には、〈オガム〉の語感のあることを字典は教えています。「観光」にしても、本来は〈他国のすぐれた制度や文物を視察する〉ことでしたから、底辺には光を拝む敬虔《けいけん》な感情が流れているはずです。

聞くままに　また心なき身にしあれば　おのれなりけり　軒《のき》の玉水《たまみず》（道元禅師《どうげんぜんじ》）

雨の日でしょうか、軒ばたに落ちる雨だれの音を聞く、無心で聞くとそれは外《よそ》ごとではない、「おのれなりけり」と私のすがたを見るのだ——との詠嘆《えいたん》です。

京都の紫野《むらさきの》に大徳寺《だいとくじ》を開いた大燈国師《だいとうこくし》（一二八二〜一三三七）も、また、軒の玉水を詠

じて、

耳に見て　目に聞くならば　疑わじ　おのずからなる　軒の玉水

の一首があります。

耳は聞くだけのもの、目は見るだけのものと考えるかぎり人間の思索の世界は狭くなるばかりです。香《か》を鼻ばかりで嗅《か》いでいては香名はわからないそうです。

人の声もそうです。耳で聞くだけでは不十分です。よく出会う場面ですが、他人に、わが子を紹介する親は、誰でもきまって「この子は頭が悪い」とか、「気がつかない」とかいってけなします。が、子どもが親の発言に少しも憤慨《ふんがい》しないのは、「親は私のことをとことん愛していてくれる」という親のこころがちゃんと見えているからです。耳は聞くだけでなく、十分に見る働きをしていますし、親の顔を見る子どもの目には、わが子を思いわずらう親の愛の切ない声が聞こえるのです。少しも疑う必要がなく、ありのままに聞いて、見て、ありのままにすなおに、そのままにうけとめられるのを「おのずからなる軒の玉水」と歌いあげてあるのです。

この場合、子どもは親のいう言葉で判断するのでなく、親の愛情を的確につかんでその発言を理解するのです。これが「音声を観《み》る」観音のはたらきで、観に〈つかむ〉の意があるゆえんです。

このように、言語、文字で思想を理解するのでなく、思想をさきにつかんで逆に言語、文字を解釈するのが音を観る「観音」のはたらきです。禅者はそれを「不立文字《ふりゆうもんじ》」ともいっています。それは文字や言語が不要だというのではなく、文字、言語の概念に縛られて自由に理解できないのを嫌うのです。この束縛から解放されて、はじめて文字・言語に新しいいぶきを与え、生き生きと自由にするのが「不立文字」の意味です。この不立文字を象徴したのが「観音さま」といえるでしょう。

このように見ると、玄奘が、「観世音菩薩」を、「観自在菩薩」と訳し、自在（自由）にアクセントを置いたねらいがよく理解されると思います。

音を観《み》るというからには耳は否定されています。聞こうともせずして観えてくるところにほんとうに「聞く」という結果があらわれてくるのです。とかく私たちは「見えるものだけが存在する事実で、見えないものは存在しない」と割り切りがちですが、そうした考え方のほかに「目に見えるものは、目に見えないもののあらわれ」だという認識が必要だと思います。

それについて、私は身のおき場もないほど厳《きび》しく思い知らされた恥ずかしい話があるのです。

自分の不幸を踏まえて他人の幸福を願う

去る第二次大戦の東京空襲で住居を焼かれた、山本のぶさんという女性のマッサージ師がいらっしゃいます。彼女は私より年長者ですが、生まれたときからすでに視力を失っていた不運な女《ひと》です。しかし、とても気質がいいので、多くの客から愛されていました。私たち夫婦も、彼女によく治療をしてもらいました。

そのおのぶさんが住む家もないと聞いて、私たちは気の毒に思い、彼女を寺に置いてあげました。しばらくすると、また親切な人があって、彼女を寺から引きとり、自分の家の物置小屋をあけて住まわせました。雨露を防ぐには事足りますが、物置小屋ですから電灯の設備がありません。しかし、おのぶさんは「私は目が見えませんから、あまり不自由しません」と気にかけていませんでした。

その後、私がおのぶさんにマッサージをしてもらっていると、彼女はうれしそうに「だんなさま、私の住む小屋に電灯をつけました」と治療をしながら言うではありませんか。私は「どうしてだね。だってきみは、私は目は見えないからあかりはいらない、家族もいないし夜業もしないから、電灯の必要もない、と先日言ったばかりじゃないか。ばかなことをしたものだな」と口走りました。

当時は戦後すぐのことで、人心も荒れていて、工事を頼んでも工事費だけでは済まなかったのです。お米とか衣服類とか何かプレミアムを付けなければ、電灯ひとつだって増設してくれなかった頃ですから、私は「ばかなことをしたな」と思わず言ったのです。

おのぶさんは、私の放言を聞いても治療の手を休めずに「はい、でも、だんなさまは私の小屋をご存じないのですが、私の小屋の前は、かさも差せないほどの狭い路地です。しかしその路地をお目あきの方が、バスに乗るのに近道だと言ってお通りになるのです。夜はまっ暗ですから、雨でも降るとハネを上げたり、石につまずいたりしてご迷惑をかけております。私は目が見えないからあかりはいりません。といって目あきの方にご不自由をかけては申しわけありません。小屋の中につけずに庇《ひさし》につけたのです」と言うではありませんか。

私は思わず〝参った〟と心中で叫びました。私はおのぶさんに「ばかなことをしたな」と言いましたが、私のほうがよほどばかだったと思い知らされました。なぜなら、もしも私がおのぶさんだったら、たとい物置小屋でも、小屋の内部を明るくするにきまっています。通行人が転《ころ》ぼうとどうしようと、そんなこと「私に関係のないことだ」とうそぶくでしょう。けれども、おのぶさんは違いました。彼女は学歴はなくとも、私と違い自分より他を大切に考えたのです。

一般に「自分の責任ではない」と言います。確かに、自分が責任を取らなくてもよい場合があります。といって他に責任を転嫁《てんか》しても、必ずしも解決とはならないでしょう。自分の責任でなくても、進んで自分の背に負うていくと、あんがい道が開けてくることがあります。

おのぶさんの盲目の原因は、彼女の父親の不品行にあったようです。しかし、すでに死んだ親を責めてもどうにもならぬと覚悟したのでしょうか、彼女は、自分の不運を縁として、目の見えるしあわせな人たちに少しでも迷惑にならないようにと、あかりを自分の住むみすぼらしい物置小屋の庇につけて、路地を明るくしたのです。

世間には、自分の過去の過《あやま》ちを転じて、善行を積む人も少なくありません。その償いの行為は高く評価すべきです。しかし自分の不幸を縁なり契機として世間に奉仕するのは、さらに尊い仏教的行為です。ここに「観世音菩薩《かんぜおんぼさつ》のこころがある」と、私はおのぶさんから学んだのです。

「菩薩《ぼさつ》」は、菩提薩埵《ぼだいさった》（ボーディサットヴァ）の略語で、さとりを求める人のことです。といっても特別に選ばれた人ではなく、誰でも「心の眼をひらこう」との願いを起こしたら、その人が菩薩です。

この願いを持ったら、自分の完成よりも、先に他者によくしてあげることです。前記の「補陀落山《ふだらくせん》」の話に、この点がよく表われています。かくて、観自在菩薩とは、「他者のしあわせを優先的に考える修行者」ということになります。

(2)　本当の自分を発見する

人間完成のための六つの徳目

天柱禅師《てんけいぜんじ》（一六四八〜一七三五）もズバリと「観音さまとは余人にあらず、汝《なんじ》自身なり」──観音さまとは、高い所にいらっしゃる自分以外の存在と思ってはならぬ。御身《おんみ》のことだ──と言いきられます。

観音さまとは余人でない、と思い知りましょう。真理を求めてゆく私たち自身にほかならないのです。鏡を見ることが、自分の姿に会うことであるように、手を合わせて観音さまを拝むことが、自分のこころにめぐりあうことにほかならないのです。

「行《ぎよう》深般若波羅蜜多《じんはんにやはらみつた》」　深い般若波羅蜜多──とありますが、「深い」とはどういうことでしょうか。それは経題《きようだい》の「摩訶《マカ》」が、他と比較した意味での「大」でないと同じように、この「深《じん》」も「浅《せん》」と対比してのことではなく、空《くう》に徹した立場を指します。空に徹するとは、前に二個の凸レンズ（75ページ）の例を引きましたが、第一レンズによる透視の虚無感だけですまさずに、第二のレンズを透過した風光――現実をありのままにうけとめながら、そこに空《くう》を見すえるのが「深般若波羅蜜多」で、そこを梵文現代語訳では「深遠な知恵の完成を行《ぎょう》ずる」と表現されています。

具体的には、人間が人間として完成するために実践しなければならない六項目（六波羅蜜《ろっぱらみつ》とも六度《ろくど》ともいう）を実修《じっしゅう》することですが、この六項目は単独でなく、それぞれ表裏一体となって関連しています。

その第一が「布施《ふせ》」です。今はこの「布施」の解釈も誤用されていますが、正しくは「布」とは、水が地にしみとおるように限りなく広くしみ通ること、「施」とは、いわゆる施《ほどこ》すという福祉的な行為でなく、感謝とさんげ（懺悔）のこころで、社会に返礼してゆく行為です。

人間がほんとうの人間となるための第一の誓願《せいがん》は「みんなをしあわせにする」ということですが、はじめから無限を考えると気が遠くなってしまいます。ですから、まず身近の一人につくすことを実感をもって実践することから始めればいいのです。それが布施のこころなのです。

私たちは、この布施するこころが社会生活をしていくうえにも、また自分の生きる価値を実現するためにも大切であると知っています。しかし、なかなか実行ができないから、それを推進する原理となるのが、第二項目の「持戒《じかい》」――戒《いましめ》を持《たも》つということです。

戒は、人にはよくしてあげなければならぬ、不親切にしてはならぬ、というつつしみです。また善事にいそしまねばならぬ、悪事は避けねばならぬとのいましめでもあります。

これは人間の生きる基準であるので、「律《りつ》」といい、「戒律」という熟語もあるくらいです。

しかし、窮屈に考えなくとも「律」は「リズム」ですから、人間生活もまた快《こころよ》いリズムが求められているのだと受けとりましょう。人として好ましいことに励み、好ましからぬことから離れるという、リズムを乱さぬところに快適な生活が営まれるのです。

しかし、この楽しいリズムに乗れぬところに「人間」の悩みがあるのです。道徳や法律だけでは、人間らしくなれない弱さを人間は持っているのです。わかっていながらできないというのもそうだし、また生きるための、いわゆる「必要悪」というものも無視できません。そこで「戒」にはつつしみ・いましめとともに〈おしえ〉の意味もふくまれています。

どんな悪人でも心の中に「仏間《ぶつま》」がある

人間完成のための第三の徳目が「忍辱《にんにく》」で、いろいろの迫害に耐える「忍耐《にんたい》」です。第二の律《リズム》を調《ととの》えようと思うなら、自分の内外からの誘惑にまず耐えねばなりません。

仏教の「忍」は、世間でいわれるように、歯をくいしばり、運命だと思って、〝ならぬ堪《かん》忍《にん》するが堪忍〟と信じたり、あきらめることでは決してありません。

人は愛しあわねばならぬとの道理をよく知りながら、ともすれば憎しみあいます。この乱《みだ》れたリズムの底に、なお乱れることのない「こころ」のあるのを信ずるのが忍です。京都の嵯峨《さが》に天竜寺《てんりゅうじ》を開いた夢窓国師《むそうこくし》（一二七五〜一三五一）は、当時の日本の南北両朝の天皇から帰依《きえ》（神、仏などすぐれた者に服従し、すがること）されるとともに「天竜寺船」を運航させて中国との貿易を開いた名僧です。この国師が、ある旅の船中で暴漢のために額《ひたい》を割られます。側にいた弟子が立ちあがるのを押さえて「打つ人も打たるる人ももろともに　ただひとときの夢のたわむれ」という一首の歌を示しました。

打つ人と打たれる人、憎む人と憎まれる人の不思議にして悲しい出会いだが、ただひとときの土用波のようなものだ。たわいのない根もないことだ。愛憎の波浪の底には、愛憎もどうすることもできない、ほんとうの人間の「こころ」があるのだから、お互いに早くめざめようではないか——というほどの意味です。

あわせて思い出されるのは、親鸞聖人《しんらんしょうにん》の越後流罪《えちごるざい》のときの事件です。ある雨の夜に宿を頼みますが、主人の漁師が固く拒否するどころか、うるさがって冷たい汚水を聖人たちの頭から浴《あ》びせます。しかし、聖人はただ念仏を申されるだけです。夜ふけに吹きさらしの門のひさしの下で抱きあって寒さに耐えながら念仏する聖人たちの声に目がさめて、はじめて漁師は悔いて心から詫《わ》びます。聖人は彼を責めることなく、

「どんな悪い人間でも心中にきっとよいものがあります。ほとけさまはそれを引きだしてくださるのです」

と、ねんごろに彼を励ますのです。聖人は彼を憎む人の心中に「仏間《ぶつま》」を発見されたのです。

人生は、毎日が平安大吉とはいかない苦悩の多いところなのだ、とすなおに空観で目を見開くとき、その好ましくない悪条件のおかげで自分が充足されてゆくのがわかります。それが「忍」の実践者のよろこびなのです。

世の中は思うようにはなりません。思うようになるのなら、それは人生ではありません。好意が通らぬどころか、悪意となって返ってくるときだってあるのです。報いられず、満た

されぬ空しい悲しみを、生きている限りは味わわねばならないのです。その心の飢《ひも》じさにも堪えられるのが、忍の功用です。

釈尊《しゃくそん》「あなた方や私の心の田を耕している」

第四の項目が「精進《しょうじん》」で、はげむことですが、特に自分自身を建設することの努力に限定します。釈尊の人生観はこの『精進』の二字につきるようです。八十歳でこの世を去られるときの最後の説法も〝おん身ら、まさにつとめて精進すべし〟だったのです。それも〝一切万物は移り変わり、生じては滅し、滅しては生ずる流転《るてん》の相《すがた》なればなり〟との空に徹した「無常」観の知恵による人生の受けとめ方なのです。釈尊は、生活のために働く勤勉もさりながら、道を求める心を起こさぬ人を「怠惰者」として、きびしくきめつけられるのです。

布施・持戒・忍辱の三項目も、この無常観がもとになって、はじめて励むこころが生じます。「無常観」とは固定観念の否定です。ものみなすべてが動き、そして変わりつつあるので、その意味ですべてが「生きている」のです。

釈尊が弟子をつれて、伝道の旅をつづけておられました。すれ違った一人の農夫が、「修行者よ、今は農繁期で忙しいのだ。あんたたちも少しは耕作したらどんなもんだ！」と激し

釈尊の誕生――右脇《わき》から釈尊を生みおとす摩耶夫人《まやふじん》
(生誕の地・ルンビニーにて、松原静子撮影)

さまざまな誘惑に耐え、ひたすら修行に励む若き釈尊

い非難のまなざしでなじります。しかし釈尊は、いつものように静かな微笑をうかべて「私も耕しています」と答えるので、農夫はあきれて「農具も持たずに何が耕せるか」と罵《ののし》ります。釈尊は右手を農夫の胸に、左手をわが胸にあてて、

「私はここを耕しているのです。心の田も放置しておくと、土も固くなり雑草も生えましょう。常に教えを聞いて人を柔らかにし、教えをすなおに信ずる種子を蒔《ま》き、知恵の肥料を与えて花を咲かせ、人びとがしあわせになる慈悲の果実が実るようにと、あなた方や私の心の田を耕しているのです……」と答えておられます。

如来《にょらい》（タターギヤタ）とは、ほとけの称号の一つで〈最高の完全〉の意味ですが、ドイツの仏教哲学者ヘルマン・ベッグは如来を「文化人格者」と訳しています。文化（culture）の語義は〈耕す〉ことですから、文化人とは〈耕す人〉となります。ゆえに如来とは「心の田の耕作に精進する人」となりましょう。

第五の項目が「禅定《ぜんじょう》」です。「禅」はジャーナーの発音を写したもの、〈定《じょう》〉はその意味です。単語の発音と意味とを合わせた訳語は、中国独自の翻訳法で、意味の〈定〉は「心を安定させること」です。ふかぶかとした安定した心の状態で坐禅をすることに通じます。

坐禅を好まれた九十五代の花園《はなぞの》天皇は「小夜《さよ》ふくる窓のともしびつくづくと　影もしづけ

しわれもしづけし」と詠じておられます。ようやく尽きはてようとする燈火の光はかすかに静かであるし、そのもとに端坐する我もまた静けしと、「つくづく」が燈火の尽きるのと、わが影の深さのつくづくの両方にかけられてありますが、こうしたしずけさは、現代人には、特に必要です。

1章で述べたように、波と海底の水とは別ものではないので、ただ波を静めればいいのです。静かな水面を見ては、この水面もいつの日にかは波立とう、また波浪の高いのを見ては、この暴れているのは常態ではなく、風さえおさまれば鏡のようになるし、その底には波一つない静寂な底がある、と見るのが般若の知恵です。されば、沢庵《たくあん》和尚（一六四五年没）が「まだ立たぬ波の音をばたたえたる　水にあるよと心にて聞け」と歌っています。

現在、さざなみ一つ立たない水面に、やがて起こる怒濤《どとう》の音を心で聞け――というのです。現実の状態の中に、ひそむもののあることを知れというのが、耳で見て、目で聞け、ということになります。それが観音のはたらきです。

忙しく飛びまわるときにも心の底に静けさを忘れず、平静な気分でいても、いつかは感情の波が高ぶるであろうと、自分でもあてにならぬ醜さのあることを見つめるのが、禅定のはたらきというものです。

「成仏《じょうぶつ》」とは、もう一人の自分にめざめること

人間が人間になる、人間が人間として完成するために実践を必要とする六項目（六波羅《ろっぱら》蜜《みつ》）の最後が「知恵」です。

人間として完成するために努力する人を「菩薩《ぼさつ》」といいますが、人間は、もともと尊厳な人間性を持っているのですが、そのことを自覚していません。この人間性にめざめるのを「成仏《じょうぶつ》」と申します。「成仏」とは、「人間が人間になる」ということです。

全人類は、みな仏となる可能性を持っているが、全人類がことごとく「成仏」するときは永遠にないでしょう。しかも、それを願わずにはおられぬところに「願い」の永遠性があります。パスカルは、人間を〝考える葦《あし》〟だといいますが、考えるということの底に「愛する」こころがなければ、考えることは知恵になりません。

言葉を愛する人は、言葉を考えて用います。人を愛する人は、人を考えて使います。自分を愛し、自分の人生を愛する人は、人生を考えます。そこに知恵が芽《め》ばえるのです。知恵に裏づけされる愛が慈悲です。

不可能だとわかっているが願わずにはおれないのが慈悲です。どの医師もサジを投げ、自分ですら絶望とわかりつつも、なお瀕死《ひんし》のわが子をよみがえらせたいと願わずにはおられな

いのが親の慈悲です。そして、絶望が事実として終止符をうたれたときに「人生とは何か」という知恵が芽ばえます。

永久にかなえられる時は来ないとわかっていても、なお願わずにはおられないのは、願いの底辺に慈悲があるからです。ただ、わが子とか、わが親とかいう小さなワクを出て、すべての人びとのしあわせを願う大きな慈悲を仏《ほとけ》の慈悲と申します。

慈悲は、たんなる理想ではありません。ゆえに、「菩薩」とは、「永遠の努力者」の意味で、奈良の薬師寺《やくしじ》管長の高田好胤《たかだこういん》師が「永遠なるものを求めて、永遠に努力する者を菩薩という」、あるいは「求むれば求むるほど、菩薩への道はいよいよ遠くなる。されど、この道を行く」といわれるのは至言だと思います。

ここに、遥か無限のかなたをみつめてすすむ、大きな知恵の眼が開けてまいります。

六項目の第六の「知恵」は、原語が「般若」です。すると心経の「深《じん》般若を行ずる」とは、第六項だけを指すようにも思えますが、深般若とは、上記の六項目が大小や軽重の区別なく、時《とき》に応じ、処《ところ》に応じて主格となり助言者となりあって働きかけている——という意味です。だから深般若とは、深《じん》布施・深持戒《じかい》・深忍辱《にんにく》・深精進《しょうじん》・深禅定の意味でもあるのです。

知恵については、1章ですでに概略したように、自己そのもの、あるいは自己に内在するものを学ぶ最高の認識のことです。それを具体的にいえば、すべての存在の原点は「空《くう》」であることを認識し理解できる知恵のことで、知識とはまったく次元の異なる認識であることを再確認してほしいのです。

般若心経は、この般若の知恵が主役となり、他の五波羅蜜が賛助的出演となります。

イギリスの文明批評家ハーバート・リードも「知恵は、理性とロマンチシズム（本能、直観、想像力、そうした幻想、幻覚を含んだ言葉）との間に揺れ動いて、その間につりあいのとれた場所をみつけだす、あの磁針《じしん》のようなものである」といっていますが、「知恵は磁針のようなものだ」とは意味ぶかい発言です。

たまたま、歌人、生方《うぶかた》たつゑさんの「北を指《さ》すものはなべて悲しきにわれは狂わぬ磁石《じしやく》を持てり」の作品にふれて、特にこの感を深くしました。本来、人間を人間たらしめる尊厳な人間性を身にひそめながら、それに気づかずに迷い悩むのは不思議ですが、それだからこそ人間であるともいえましょう。感情に流れるといいますが、要するに妄想《もうぞう》と執着からです。

妄想は、真実でないものを真実であるかのごとく誤解することで、精神活動を浪費します。執着は、何かにこころがとらわれて、特に自分自身の利害に密着して、動きがとれなくなる状態です。この二つほど精神を沈滞させ腐敗させるものはありません。

妄想も、執着も、いずれもこころの病《や》める状態であるから、こころを健康にするには、何よりも自分にしがみつく気持ちを解きほぐすことに努力することで、特に知恵が要請されます。

現代人の科学を推進する力は高く評価されますが、それ以上に、人間が自分自身を妄想や執着から解きほぐし、真実の人間たらしめる原動力の知恵を、生まれながらに具《そな》えている事実は、さらに深く賛《たた》えられるべきです。ところが、現実には、この点に無意識、無感覚であるのは悲しいことです。

病《や》むはずもない知恵が病んでいる

私たちの心中は、欲望と感情のままに揺れ動く日常的自我と、それに呼びかける本質的自己との二人が住んでいる「同行二人《どうぎょうににん》」です。ところが、大切な本質的自己を見失い、日常的な自我だけがほんとうの自分だと思いこんでしまっているのです。なお悪いことに、それに固執して、つまり執着して「自我中毒」にかかっているため、本質の自己の尊さに気づくことなど思いもよりません。

まして、他の尊さがわかるはずもなく、真の自由など得られるわけがないのです。ペアの片方である本質的自己を心の奥深くに埋没《まいぼつ》させて、「孤独」の一人旅をしているのが現実です。病むはずもない知恵が病んでいるような状態に置かれているのです。

自我がみにくく、忌《い》むべき暴力を持っていることに、我ながら情けない思いは誰にもありますが、この自我にたえず呼びかけてくれる、自分の中のもう一人の自分、本質（本来といってもいい）的な自分――本当の自分にめざめてこそ、つまり知恵を開発してこそ、「二人の私」の対話が可能になります。この対話が、数多く交わされる人の人生の旅はしあわせであり、この人こそ自分の中に宿る人間の尊厳性にめざめた知恵の人でもあります。

巡礼や遍路《へんろ》さんの笠に「同行二人《どうぎようににん》」と書かれてある旅の道づれは、観音さまや、弘法大師さまですが、巡礼や遍路は「日常の私」であり、観音さまやお大師さまは「本質（本来）の私」にほかなりません。ことあるごとに泣いたり笑ったりする感性的な「日常の自我」と、それに呼びかける「本来の自己」の同行二人は、ときには並び、ときには前後し、さらに影と形とが重なりあって、まるで一人の人格のようになって毎日を生きるのが、ほんとうの生き方なのです。

ところが、現代人はたいせつな本質的な自己が不在で、日常的な自我の一人ぼっちです。

一人ぼっちだから淋しく、孤独の自分を感ずるのが怖いから、流行や組織の中に身をひそめようとあせるのです。俳人尾崎放哉《おざきほうさい》に「咳《せき》をしてもひとり」の句がありますが、淋しくて耐えがたいのは、その自分を見つめているところの、もう一人の自分を知る知恵に暗いからです。

この心が、「ほとけのいのち」であり、「自己のこころ」で、ともに永遠の真実です。しかし、神がかりになるのを忌《い》んで、中国の師彦《しげん》というお坊さまは「主人公《しゅじんこう》」と名づけて、毎日坐禅をしては「主人公！」と呼び、自分で代わって「はい」と返事をして対話をつづけました。

「主人公」と呼ぶのも自分なら、「はい」と答えるのも同じく自分です。しかし、答えるほうの自分は「本質的自己」、呼ぶほうの自分は「感性的自我」で、この二人が同居しているのです。

平凡人である凡夫《ぼんぷ》と、理想人であるほとけとの同居であるから、「仏凡同居《ぶつぼんどうご》」と申しますが、この事実に気づかない現代人は、感性的・日常的な自我の一人ぐらしだと錯覚——というよりも倒覚《とうかく》を起こして、自分は孤独だと誤り信じているのです。他人との断絶を嘆く前に、まず自分自身に会う機会を、求めて避けている愚かさを悲しむべきでしょうに。

「鏡の中にわたしがいる……」

ここで私は、野村文夫《ふみお》君（作詩当時は、習志野《ならしの》市袖《そで》ヶ浦《うら》西小学校六年生）の詩を紹介したいのです。

鏡の中にわたしがいる
私の目に　わたしがうつる
おこったときでも悲しいときでも
自然ににこにこしてくる
鏡の中のわたしが
私に何か話しかけてくる
すると私はすなおになる……
鏡の中にわたしがいる
私の中にわたしがいる

少年の無心の作の中に、感性的自我と本質的自己の同行二人《どうぎようににん》の人生の旅すがたと、二人の「私」の対話を感じることができます。野村君の原作の詩はすべて「私」の漢字でとおしているが、わかりやすくするために実物の野村君を漢字の私で、鏡に映る同君の影をわたしと平仮名《ひらがな》に直させてもらいました。同時に、漢字の私に感性的自我を、平仮名のわたしに本質的自己を表わすことにしました。

「鏡の中のわたしが、私に何か話しかけてくる」とは誰しも身に覚えがありましょう。感情が激したとき鏡を見ると、自分でも情けない、あさましいと思うわが姿です。それを見つめているとき、もう一人のわたしの声が聞こえてきます。野村君は「すると私はすなおになる」と告白します。この点が大切です。結句の二句「鏡の中にわたしがいる　私の中にわたしがいる」に、たくまずして真実が表現されているではありませんか。

(3) 芽が出れば、花が咲けば……

集まったものは必ず散る

「照見《しょうけん》五蘊《ごうん》皆空《かいくう》度《ど》一切《いっさい》苦厄《くやく》」 前節の「深般若波羅蜜多《じんはんにゃはらみった》を行《ぎょう》ずる」の「時《とき》」がこの「照見」にかかっていますが、この「時」を軽く見てはならぬと思います。それは時間的な「点」だけを意味するのではなく、深般若波羅蜜多を行ずるときは、どこでもという場所も含められているのです。つまり、いつ・どこという時間・空間をひっくるめた、そういう意味での時・空の超越、永遠の意味がこめられているのです。そして次の「照見」につづきます。

ところで、「五蘊《ごうん》」という見なれない字に出会いましたが、「蘊《うん》」とは、スカンダーフの訳語で〈はたらきをしながら寄り集まっているもの〉という意味です。すべて存在するものは、五つのものが、それぞれ独自のはたらきをしながら集合して作りあげられている仮の積み重ねに過ぎない、空的存在だということです。

たとえば、人間を、仮に精神と肉体の二つにわけるとき、肉体を「色《しき》」といいます。色《しき》とは目に見えるもの、形あるもので、有形の存在は、何らかの色彩を持っているので「色」と漢訳したのでしょう。

次に精神のほうは、受《じゅ》・想《そう》・行《ぎょう》・識《しき》の四つが集まって形成されるというのです。「受」とは感覚感情、「想」は概念です。長短・大小・苦楽とはこういうものである、と心中においも浮かべて了解する作用、「行」は意志の作用や、意志活動、「識」は対象を分析したり分類して認識する作用で、知識です。この五つがそれぞれ固有のはたらきをしながら寄り集まって形成されるのが、人間という「存在」です。ゆえに、五蘊《ごうん》は「存在するものの内容」であり「存在」と同意語となります。ゆえに「五蘊は皆空《みなくう》なり」とは「存在は皆空」ということです。

ちょっと見ると、確実に存在している何かがあるようだが、よく見ると、ただそのように見えるだけで、以上の五つのものがパートになって集まって合成されているので実体はない、集まったのだから必ず散じてゆく、「空」でない存在は一つもないというのです。

“花びらは散っても、花は散らないんだよ”

「存在するということは空《くう》である」――いよいよ空《くう》が顔を出してまいりましたが、それは次章でじっくり学ぶことにして、空の持つ意味の一つの「空《むな》しさ」は誰でも多少なりとも体験があるはずです。

私もかつて、内孫《うちまご》の浩明《ひろあき》を生後二日と四時間で亡《な》くした悲しみを持っています。孫を亡くしたのは初めてなので大きなショックでした。火葬場で荼毘《だび》のすむのを待つ間、ふと休憩室のテーブルの上に置かれてある毎日新聞の読者俳壇を見るともなしに見ると、飯田竜太《いいだりゅうた》先生の選になる、杉二郎《すぎじろう》さんの「何供《そな》えても物足らぬ冬の墓」という句が目の中に飛びこんできたのです。

亡き人の墓には、何をどのようにたくさん供えても、胸の中を冷たい冬の風が吹きぬけていく空《むな》しさをどうにもできない、切ない心情を詠《よ》まれた作品です。

私が、幾たびもこの句をよみつづけているうちに気づいたのは、『私が偶然に見つけたのではなく、淡《あわ》い生命しか持ちあわさなかった孫が私に見せてくれたのだ』ということでした。

すると、胸がずっと楽になり、ふと胸に浮かんだのは〝花びらは散っても、花は散らない〟という浄土真宗の碩学《せきがく》・故金子大栄《かねこだいえい》師の言葉でした。それも孫が思い浮かべさせてくれたのです。『おじいちゃん、花びらは散っても、花は散らないんだよ、わかるかい？』と物がいえないから泣きながら、『おじいちゃん、わかっておくれ、そのために、ぼくは生まれて、さよなら、をするんだ！』と思い知らせてくれたのです。私は、それが「照見《しょうけん》」だと思っています。

「照見」の原語訳は〈あらゆるものを完全に見きわめた〉という意味ですが、見きわめると同時に、知恵の光で明るく照らして見せてくれることだと、私は心にうなずきます。空《むな》しい事実を見きわめるのが第一のレンズ、そして、空しきままに真実なものを知らされたと気づくのが第二のレンズで、この二つのレンズで照らし見せしめられるのだと思うのです。

禅寺の玄関に、必ずといっていいほど「照顧脚下《しょうこきゃっか》」と書かれた札がかけてあります。「脚もとを照らし顧《かえり》みよ」と読むので、はきものをそろえて脱ぐようにとの呼びかけです。しかし、本来は、「自分自身を返照《へんしょう》せよ、ほとけの知恵の光に照らされて凝視《ぎょうし》せよ」ということです。自分が照見されていることがわかるとともに、一切を照見してゆく般若の知恵にめざめることが、自他が救われていく道理であり、喜びであることを開明されたのが「照見五蘊皆空」の六字です。つまり、「存在は空であるから、とらわれない眼をひらけ」という教えです。

「やれ打つなハエが手をすり足をする」

さて、幼な子に先だたれた私たちは、その供養のために、白梅の樹を植えて、亡児の名のまま「浩明梅《こうみようばい》」と命名しました。「芽が出れば、花が咲けば、みな浩明だ!」といって喜んでいるのです。

ある日、亡児の父であり、私の長男である哲明《てつみよう》は、私に申しました。

「一茶《いっさ》は、逆境に育ったうえにぼくよりも多く愛児をうしなっているだけに、ぼくよりもはるかに深い心境に達している。植物はもとより、ハエやカエルにもいのちのふれあいを実感している。一茶の句には、ひがみ根性《こんじよう》があるとか、ユーモアがあるとか、弱者へ盲目的な愛情をそそいでいるとか批評するが、それは読みが浅いと思う。人に知られている『やれ打つなハエが手をすり足をする』や『ねがえりをするぞそこのけきりぎりす』にしても、同情や愛情ではない。傍観者ではなく、ハエやきりぎりすになりきっての詠歎である。精いっぱい生きたいという小さな生きものの可憐な願いにとけこんでの詠歎だと思う——」と。

私も彼に共感して、

「お互いに生命の空しさを体験すると、他に大した害も与えずに安住して生きているものをそまつにすることは、絶対といっていいほどできないね」

と語りあったことです。

五蘊皆空《ごうんかいくう》――存在するものはみな空なり、との教えがこのときほど身にしみたことはありません。そして五蘊皆空と知らされたとき、はじめて生命の尊さを肌にしみとおって感じさせられます。それも、幼い孫の浩明との死別により、浩明がどこからか私たちの足もとを照らしてくれているのです。それは、浩明のうしろから、ほとけの般若の知恵の眼が見つめていてくれるからです。さらに、そのようにうなずきとれる大きなはたらきが、私たちのこころの中に埋《うず》みこまれているからです。

照見――それは、照らし見ることであり、照らし見せられている事実にほかならないのです。このことがわかるとそこにやすらぎが生まれます。あらゆる苦しみから救われる（度一切苦厄）とは、こういうことですが、「一切の苦厄《くるしみ》から度《すく》われる」とは、決して苦しみがなくなることではありません。事実として苦しみがありながら、それが苦しみでなくなるというやすらぎの人生観・世界観にめざめることができるということなのです。すると「照見」と「観」とは同意語となり、事態を深く照見し観察することが度《すく》いに通じるのだ、とはっきりわかるでしょう。

3章・空《むな》しさを見つめる

——存在するものの意味

舎利子《しゃりし》　色不異空《しきふいくう》　空不異色《くうふいしき》　色即是《しきそくぜ》
空《くう》　空即是色《くうそくぜしき》　受想行識《じゅそうぎょうしき》亦復如是《やくぶにょぜ》

舎利子よ、色《しき》は空《くう》に異ならず。空は色に異ならず。色はすなわちこれ空、空はすなわちこれ色なり。受想行識《じゅそうぎょうしき》もまたまたかくのごとし。

シャーリプトラよ、この世においては、物質的現象には実体がないのであり、実体がないからこそ、物質的現象で（あり得るので）ある。

実体がないといっても、それは物質的現象を離れてはいない。また、物質的現象は、実体がないことを離れて物質的現象であるのではない。（このようにして）およそ物質的現象というものは、すべて、実体がないことである。およそ実体がないということは、物質的現象なのである。これと同じように、感覚も、表象も、意志も、知識も、すべて実体がないのである。

(1) 美の空《むな》しさと美の感動

〝すべて縁《えん》にしたがって起こる〟

仏教の経典は、釈尊一人が説法される様式と、誰かが釈尊に代わって他に話しかける形で真理を説かれる場合とあります。「般若心経」は後者のほうで、観世音菩薩《ぼさつ》が、「舎利子《しゃりし》」に呼びかけられるのです。

観音さまは実在されたのでなく、釈尊のさとられたこころの象徴ですが、舎利子は歴然とした実在の人物です。象徴的人間が実在の人間に語りかけるという構想は、おもしろいと思います。

舎利子は、シャーリプトラの訳語で「舎利弗《しゃりほつ》」とも音訳されます。中インドの旧マガダ国のバラモンの家に生まれました。「舎利」とはよくさえずる小鳥の名だとも、鷺《さぎ》の一種だともいわれます。

インドの古い伝説に、母が妊娠すると胎児の性格が母にうつるというのがあります。舎利子を宿した母は、それまでとはうって変わって聡明雄弁となったので、彼が生まれると、この「舎利」という名をつけたといいます。彼は成長すると、当時有名な、ある懐疑派の哲学者の弟子となり、生まれつきの聰明と雄弁でたちまち頭角を現わし、同志百人のリーダーとして名を知られるようになりました。

彼は、ある日、路上で出会ったアッサジという人の礼儀正しい態度に感服させられるのです。

アッサジは、釈尊がシッダッタ王子といったころの五人の友人の一人です。彼はシッダッタの付け人として六年間苦行《くぎょう》を共にします。しかし、釈尊が「苦行は無意味だ」と気づき、決然として苦行の場を出て、ナイランジャナ（尼連禅河《にれんぜんが》）で水浴後、スジャーターという若い女性のすすめる乳がゆで疲れを癒《い》やします。これを見たアッサジは、「シッダッタは堕落《だらく》した」と軽蔑《けいべつ》して、彼から離れてしまいます。そして、遠く仙人の棲地《せいち》と伝えられる「鹿野《ろくや》苑《おん》」という森林（写真・145ページ）の中で、最初からの五人の友が団結して苦行をつづけていたのです。

釈尊は、他からの非難を少しも気にかけず、自分の信ずる道に進みました。苦行を捨て、身体を清め、疲労が回復するとブダガヤの菩提樹《ぼだいじゅ》のもとで坐禅をつづけ、ついにさとりを開かれるのです。

さとりを開かれた釈尊は、このよろこびを友に伝えるとともに教えをもあわせて授《さず》けたいと思い、アッサジら五人の友人がいる鹿野苑《ろくやおん》に向かいます。ブダガヤから鹿野苑までは約二百キロですが、釈尊は七日間を歩きづめに歩いてこの地に到着します。

釈尊が最初の説法の目標を友人に選んだ事実を心に銘記すべきです。仏教では「善友《ぜんぬ》（親《しん》友《ぬ》とも）」といって、よき友を得れば、必ずよき師に出会えるとして、友を大切にします。

ところが、五人の友の群《グループ》は、釈尊を堕落した者として軽蔑していましたから、彼とは決してものを言うまいと互いに固く約束していたのですが、この約束はわけもなく崩れてしまうのです。イソップ寓話に、冷たい風が烈《はげ》しく吹きまくっても旅人のオーバーを脱がせることはできなかったが、太陽が静かにあたたかい光線を投げかけると、旅人はオーバーを脱いだ——とあるように、鹿野苑でも同じことが起きたのです。

かたくなな五人の心も、釈尊のあたたかいまなざしとその品性にすっかり和《なご》み、ついに釈尊の弟子となります。その中の一人がこのアッサジです。

アッサジに出会った舎利子《しゃりし》は、心ひそかにその行儀のよさに驚くとともに、このような人の師はさらに立派であるに違いないと考え、彼に問います。アッサジは釈尊が師であることを告げます。彼はすすんで、その師は何を教えるのかとたずねると、

「空」の教えを語る
釈尊
(インド・クシャナ朝
時代の釈尊像)

鹿野苑《ろくやおん》——釈尊が初めて法を説いた地

〝すべてのものは縁《えん》にしたがって起こるものである。縁にしたがって生じるから、縁にしたがって滅びるものである──このように師は説かれる〟と告げます。

舎利子は、これを聞いてびっくりしました。このような『因縁説《いんねん》』は他の学派ではまったく考えてもみなかったことだし、彼ももとより知らなかった、はじめての教えです。

これを聞いた舎利子は、それまで抱いていた疑問の点が全部解けたのです。そこで同窓の目連《もくれん》らとともに釈尊の弟子となります。後にこの二人は釈尊の十大弟子──ベストテンに数えられ、舎利子は「知恵第一」、目連は「神通《じんづう》第一」とたたえられます。また、釈尊は舎利子を深く信じて、ラーフラ（釈尊の実子。のちに釈尊の弟子となる）の指導をさせています。

しかし、当時の舎利子は、修行もまだ浅いし、前の懐疑派哲学的なものの考え方の影も残っているので、知恵よりも論理的な知識のほうが旺盛です。こうした条件下の舎利子が、般若の知恵の象徴である観自在菩薩から「空」を語りかけられるというのが『般若心経』です。このような心経の構成を知ると、私たちはいちだんと心経への興味が盛りあがってまいります。

〝自分なぞというものはないんだぞ〟

「舎利子色不異空《しゃりししきふいくう》」　「舎利子よ、色《しき》は空《くう》に異ならず」——色と空とは異質のものではない、というのが第一の呼びかけです。それは観世音菩薩の発言という形での、現在の私たちへの釈尊の呼びかけでもあります。観世音菩薩対舎利子は、さらに「知恵」対「知識」の出会いであるとともに、相対的認識にならされている「現代人の知性」と「般若の知恵」との対決でもあります。それだけに般若心経を知らない人でも「色不異空」とか「色即是空」の語句ぐらいは口にする有名な一節ですから、じっくりと取り組まなければなりません。

「舎利子よ、色《しき》は空《くう》に異ならず」の「色《しき》」は、前にもいったように（41ページ）、すべての目に見える物質現象をいうのです。それらが私たちの認識の対象となるのは、色彩と形体があるからです。私たちの肉体もこの「色《しき》」に属するのですから、ぐっと身近に引きよせていえば、「色不異空——色は空に異ならず」とは、〝君の五体は空なのだぞ〟〝君は自分、自分というが、そんな自分なぞというものはないんだぞ〟と、観音（釈尊）は既成概念を打ち壊すことを要求されるのです。

それは舎利子にとっても大事件である以上に、私たちにとっても、たいへんなことなのです。

空の持つ意味の一つの〝空しさ〟については、すでに学んだところです（42ページ）。空しさからはまた「空《うつ》ろ」とか「空《から》っぽ」とかを連想することができます。空ろも空っぽも、ともに「内部に本来あるべきものがない・中が充実していない」ということでしょう。

仏教用語の「空」の原語は、梵語「シューニャ」に基づきます。「シューニャ」はインド数学では「零」のことです。もともと西洋数学では「1」を自然数の最初の数とするため、ヨーロッパ人は、当初「ゼロ」の概念を知りませんでした。それが、インド数学の「零」により、はじめて「ゼロ」の概念を持ったということです。また古代のインド人の哲学的発想によると、「零」と「空」とは同義語ではなく、空の持ついろいろの意味の中のひとつに「零」があると考えます。インドに限らず、東洋の数学は、空の一部分としての「零」を基盤としています。

仏教思想の「空」は、零を意味するシューニャから派生した抽象名詞「シューニャーター」の訳語で、単に無いとか存在しないとかいう意味ではありません。むしろ、あるものが目に見え、存在する事実を認めたうえで、さらに考えを発展させて、そのものがいまどうしてここに存在できるのであろうかと、その道理を明らかにしようとするのが空の思想です。

つまり、存在するものは、そのものだけでけっして存在できるのではない、他との多くの

霊鷲山《りようじゆせん》——
釈尊はここで弟子
たちに説法をした

舎利子《しやりし》——彼に向かって真理が説かれる
（清涼寺蔵）

かかわりがあって、はじめてそのものが存在できるのです。かかわりが無かったら、いかなるものも存在しえないというのを「目に見える存在は空に異ならない（色不異空）」というのです。このかかわりあいの道理を「因縁の法（因果律とも）」といいます。因縁の法については後に学びます。ここでは、とりあえず「すべての存在が、お互いにかかわりあって存在する事実を空という」と押さえましょう。

万年筆がなぜ〝空〟なる存在なのか

たとえば、私はいま万年筆で原稿を書いています。万年筆は目に見える存在ですから色《しき》です。心経は「万年筆は空に異ならない」と説きます。なぜでしょうか。

万年筆は、早い話がペンホルダーとペンとがかかわりあって成り立っているわけで、もともと万年筆というものが単独にあるわけではありません。また、それぞれペンホルダーやペンだけを採《と》りあげても、万年筆とはいえません。すると一本の万年筆は、万年筆でない物質ばかりがかかわりあって、かりに万年筆と名づけられているのに過ぎないのです。この意味で「実体がない」というのです。さらに、いわゆる万年筆があってもインクとのかかわりあいが無かったら万年筆の用をなさないでしょう。ゆえに、すべての存在は相互にかかわりあってこそ、存在の意味があるのです。この事実を空というわけです。

人間についても同じです。さきに「五蘊皆空《ごうんかいくう》」と学びましたが、それは人間の構造のかかわりあいです。こうした構造を持つ私たちが生きていけるのも、私たちの周囲のあらゆる存在とさまざまなかかわりあいのおかげによるので、一人で生活できるわけのものではありません。この道理がわかる人は、空のこころに通じた人だと申せましょう。空のこころに通じると、いつの間にか「私はだれの世話にもならない」とか、「自分だけの力で、今日のおれができたのだ」とかいう偏見も思いあがりも消えてしまうでしょう。

存在（色）が、かかわりあいによって存在するのですから、何かが原因でそのかかわりあいが断たれると、その存在は当然なくなります。つまり形ある色は、かかわりあいによって生じるとともに、かかわりあいによって亡びてゆくものでもあるのです。

上島鬼貫《かみじまおにつら》の句に、「骸骨《がいこつ》の上をよそおうて花見かな」があります。あと味の悪い皮肉な作品で、私はあまり好みませんが、参考として採りあげてみましょう。

若い女性が美しく装いをこらしてお花見としゃれているが、いつかは死んでしまうのじゃないか――と形あるものは、必ずゼロになることを諷刺《ふうし》しているので、この句に「色は空に異ならず」が詠《よ》みこまれています。

たしかに、私たちは五官の対象となるのだから――色《しき》のアクセサリーに心を奪われて美しさのとりこになっているのは事実です。この句は、その美感の無意味を冷笑し、それを否定して骸骨を私たちの目前につきだします。いやなことですが、それも事実であることは否定できません。

「空《くう》」とはすべての出発点である

私は、先年インドへ旅行してきましたが、その出発前に「インド学術探査隊」に参加した報道カメラマンの旅行記をまとめた『秘境の仏たち』（鍔山英次《つばやまえいじ》著・二見書房刊）を読んでいると、

「ハゲタカの舞う畑中の道を葬式の一団が通っていく。死体が捨てられると、たちまちハゲタカの群れが集まる。ハゲタカが去ると、食いあらされた若い女の死体が現われ、左手の赤、黄、緑色の腕輪だけが光っていた。そのハゲタカを追い払う野良犬がいた。野良犬もまた死体となった……」

と数葉の写真入りで「鳥葬《ちょうそう》」の模様が記述されていました。腕輪をはめた骸骨の写真を見るのはいたましいのですが、さきほどの俳句を思い出さずにはおれません。

しかし、その惨憺《さんたん》たる景観だけを心中にクローズアップして、目前の美しい姿に目をつぶるのもまた偏見です。いつまでも美しいと思うのも真実に逆《さか》らう倒見《とうけん》です。正しい認識は、表面の美しさをすなおに美しいと見るとともに、その底にある空《むな》しさをも見つめることです。また、逆に、永遠に美しいものはないのだと、見すえながら、しかも目前の美しいものを、すなおに美しいと見るのが、「観音さま」に象徴される観《み》るはたらきです。どう観るかといえば、まず、「色は空に異ならず――色不異空《しきふいくう》」と観るのです。

つまり、私たちは肉眼だけで美しいものの存在や現象を、漫然《まんぜん》と見ているに過ぎないのを、第一の凸レンズで「色は空に異ならず」と見抜いたのです。しかし、ここで止《とど》まっていると、ただ、ハゲタカに食いあらされた若い女性の骸骨が脳裏に焼きつけられただけで、生きた写真とはいえません。どうしても、もう一つの凸レンズを通さなければだめです。第二の凸レンズを経て眺めると反転して「空《くう》は色《しき》に異ならず――空不異色《くうふいしき》」と現実が肯定されます。しかし、二つの凸レンズを通してみる現実の景観は、肉眼だけで見たそれとは決して同じではありません。否定の否定は、もうそれ以上に否定するものは何もないので、その眺めを、小笠原長生《おがさわらちょうせい》氏は「舎利子見よ　空即是色《くうそくぜしき》　花ざかり」と詠みだされましたが、すばらしい名句だと思います。

舎利子見よ空即是色花ざかり——舎利子を固有名詞にとどめておいてはいけないと申しました。舎利子とは、私たちなのです。いや不特定多数の私たちという無責任な存在でなく、どこまでもお互いの自分のことです。文法でいう「第一人称単数」のこの「私」です。ここに「空」がたんなる「ゼロ」でも「無」でもないどころか、すべての出発点であることが見事に示されています。

「おれが」「おれがした」という自我の抹殺《まっさつ》

昔の禅者は〝無一物中無尽蔵花あり月あり楼台あり〟《むいちもつちゅうむじんぞう ろうだい》とうたいます。無一物とは何もないこと、いわゆる空《くう》であり無ですが、たんなるゼロでない。前記の空《くう》を踏まえて、はじめて美しい花も清らかな月も、そして立派な楼閣《ろうかく》も、存在する意義がわかるのです。無尽蔵《むじんぞう》とは、いくら使っても使いきれないほどある蔵ということですから「永遠」・「無限」を表象します。それが「空」の内容ですから、私は私なりに「空とは、充実したゼロである」と申したい。

しかし、「空」はわかったようでも、なかなかわかりにくくて困るのですが、気ながに学んでいきましょう。一応、ここまで得た空の概念をまとめると「ゼロであるとともにゼロでないものを持っている。否定するとともに永遠無限なものを指向している。空《から》っぽでないとともに、空っぽであるからあらゆるものを包含《ほうがん》することができる」ということになります。また、空《くう》はすがたや形がないから、どのようにも規定づけることも、また、特徴づけることもできません。むしろ逆に、規定づけたり特徴づけるものを何も持たないのが「空」だといったほうがよいかもしれません。ゆえに「無相《むそう》」と同意語に使われることもあります。

無相とは、相《すがた》のないことです。鳥は空を飛んでも跡が残りません。飛行機雲は、物理的現象であって、ほんとうの意味での跡は残りません。このように、善事をしてもその行跡を残さない、行なっても行なった心を残さないことが仏道を歩む者の願いですが、その願いをも否定し、例によってさらに再否定した無願《むがん》の願が「空」の行動面といえます。

色は空に異ならず――とすべての存在現象を否定するのですから、当然「おれが」とか、「おれがした」のだとかいう自我の存在も否定します。また「おれは、おまえとは違うぞ」との特殊性も消された状態です。さきほど「無一物」と申しましたが、それは財布の中に一円のおかねもない無一文の状態ではなく、自我意識を残すところなく放出することをいいます。禅者は、それを〝死に切る〟と表現します。至道無難禅師《しどうぶなんぜんじ》が「いきながら死人となりてなりはてて」と徹底的に自我を消しつくすことを強調されるのが、その一例です。

自我意識は時には大切ですが、自分を正しいと思いこむ自信過剰が自我意識を誤らせます。根強いこの自我意識を制止するのは容易でないから、無難禅師は、「死人となりてなりはてて」と畳《たた》みこまれるのです。自分だと思っていた自我をとことん解体してゆけばどうなるか。自我を空じ、空じつくしたあとに何が残るか。

「空不異色《くうふいしき》」「空《くう》は色《しき》に異ならず」——「おれのすまいだ」「おれの家だ」と自我にとらわれているものが解体され、めいめいの穴も破壊されて、やむなく外へ出ると、そこに広々とした場のあることが、はじめてわかるのです。それぞれ自我という柱にかじりついているときは、見えなかった広場が無限に広がっているのに気づくのです。おれが呼吸して、おれの力で生きていると思っていたのが、実はそうではなくて、目に見えぬふかぶかとした空気に包まれて生かされているということに気づくのです。それが「空は色に異ならず」です。

呼吸にしてもそうです。自分でしようと思ってするのは短時間の深呼吸だけで、正体もなく眠っているときでも、ちゃんと呼吸しているのをみると、それは自我の力だけではないことがはっきりします。呼吸するということは、呼吸せしめられる何か大きな力がはたらきかけているということではありませんか。何か大きな願いが、どこからか自分にかけられているということではありませんか。

この点が、おぼろげながらわかってくると、どう生きたらよいかが、ほのかに感じられます。ゆえに無難禅師は、さきほどの歌に下の句をつけて「おもいのままにするわざぞよき」とつけられるのです。それは気まま放題にするというのではなく、大いなるものの願いのままにすることで、小さな自我意識からのことではありません。「生きながら死人となりてなりはてて　思いのままにするわざぞよき」に「色は空に異ならず・空は色に異ならず」を味わいとってください。

しかし、まだ観念遊戯におちいりやすい危険があります。どうしても体験上に実感されねばなりません。この体験的表白が「色即是空《しきそくぜくう》　空即是色《くうそくぜしき》」です。

江戸時代後期の農政家、二宮尊徳《にのみやそんとく》は「咲けば散り散ればまた咲き　年ごとに眺め尽きせぬ花の色色」と歌っています。「咲けば散り」に色即是空、「散ればまた咲き」に空即是色が、また「年ごとに眺め尽きせぬ」に、二つの凸レンズを通して、すなおに花を賞《め》でる空のこころが歌いあげられています。さらにあらためて学ぶことにいたしましょう。

(2) 価値なきものに発見する美

「色即是空《しきそくぜくう》」は「すべて実体はない」の意味

「色即是空《しきそくぜくう》」 前にも申しましたように、「色《しき》」とは私たちの肉体も含めてすべての物質的現象です（147ページ）。存在する一切を心経は「物質的現象」であって、実体ではないとするのは、なぜでしょうか。それは因縁《いんねん》がそうさせている、ということです。

因縁については、さきに舎利子がアッサジとの出会いで、師の釈尊が「因縁の法」を説かれると聞き、驚いて、親友の目連とともに釈尊の教団に入ったと記《しる》しました（146ページ）。また先ほども、「空」の思想を説く鍵は、「因縁の法」にあると述べました（150ページ）が、またここで、くわしく「因縁」を学習することにいたします。しかし、その前に現代の私たちが、目前の現象に、どのような見方や考え方をしているかを知っておく必要があります。

私たちは、毎日いろいろの事がらを見たり聞いたりします。しかし、とかくその現象面だけを見るだけで、どうしてそうなったのかと、そのわけや意味を深く考えようとしません。他人の場合はともかく、自分が経験した人生の事件についても、その原因を知ろうともせず、泣いたり喜んだり、ときには、ただうろたえるだけで、深い理由を知ろうとしません。

これでは、少しも人生の解決にはなりません。

これに反して、釈尊は一切の現象を見つめ、見抜いて、どのような存在も、他とのかかわりあいなくしては、そのものだけで単独に存在できない、必ず他と互いに相関連しあってはじめて存在できるものだと示されるのです。

先ほど万年筆の例を挙げましたが、もう一つ例を出すと、網の目のようなものです。網の目はそれ一つだけでは網の目にはなりません。網の目は隣接する網の目とお互いに結ばれあい、かかわりあって網の目になるのです。

釈尊はいつも、「これあるに縁《よ》りてかれあり。これ生ずるに縁《よ》りてかれ生ず。これなきに縁《よ》りてかれなし。これ滅するに縁《よ》りてかれ滅す」といわれます。

一つのものが「ある」ように見えるのは、それだけが単一に「ある」のではなく、網の目のようにいろいろのものがかかわりあい、助成しあい、そしてそれが総合され合成された現象として「ある」のです。だからただ「物質」といわずに「物質的現象」というのです。

〝これあるに縁《よ》りてかれあり〟といわれるゆえんで、「縁《よ》る」とは「因縁」の縁です。

「因縁」とは、因と縁のことで、因とは結果を生ぜしめる内的な直接的原因、縁とは外側からこれを助成する間接的原因ですから、内因《ないいん》・外縁《げえん》ともいいます。一切のものは因縁によって生滅《しょうめつ》するから、釈尊は〝これなきに縁《よ》りてかれなし〟と言葉をつづけられるので、縁によって起こるから縁成《えんじょう》とも名づけられます。

すべての物質的現象（色《しき》）は、単一に存在するのではなく、このように何らかの因と縁とが複雑な合成によって生成されたものであるから、それがなくなるときは〝これ滅するに縁《よ》りてかれ滅す〟ので、単一な存在はない――、実体はない。この意味が「色即是空」と表現されるのです。

「このようにして、およそ物質的現象というものは、すべて、実体がないことである」（141ページ）とあるのが、漢訳の「色即是空」にあたります。私たちは、とかく現実に五官の対象となるものだけが実在と思いこみ、それに頼るところに幸福があるように思いこみます。たとえば、恋愛をしてその恋にやぶれ、幸福の対象が奪われたり、なくなったりすると、〝はて、こんなはずではなかったが〟と懐疑的になります。そして、どこかで聞き覚えた「色即是空」が突然、頭に浮かんできて、さとったような錯覚を起こし、そこに停滞してしまうのです。

「落花の風情《ふぜい》」が「空即是色《くうそくぜしき》」

「空即是色《くうそくぜしき》」　その結果、世の中は無常だと思いこみ、虚無的な人生観を持つ小さな「空観」の穴に落ちこんでしまうのです。しかし、私たちが充実した人生を生きるためには、どうしてもこの穴を飛び出なければなりません。私のいう第二の凸レンズで、倒覚をもう一度引っくり返さなければだめです。それが「空即是色」で、〝梵文現代語訳〟にはこのところを、「およそ、実体がないということは、物質的現象なのである」と説くゆえんです。

私は、前に鬼貫《おにつら》の「骸骨の上をよそおうて花見かな」の句を紹介しました（151ページ）。その後、鬼貫が亡くなり、その五十年忌の法要が営まれた席で、彼の門下生をはじめ、多くの俳句作者の宗匠《そうしょう》たちが、鬼貫の霊を慰めるために句会を開き、それぞれ句を作って鬼貫の霊前に供《そな》えています。

このとき、鬼貫の親戚筋に当たる俳人の机月《きげつ》が、

青梅《あおうめ》は　その骸骨の　みのりかな

と献詠しています。

その意味は「先祖の鬼貫《おにつら》翁は『骸骨の上をよそおうて花見かな』と詠まれました。その骸骨も土となり、その土が肥料となって、ご覧のように美しく実った青梅を育てたのです」と。

机月の句は、鬼貫が、色は空に異ならずを詠んだ「骸骨の上をよそおうて花見かな」の無常観をさらに空じて「空は色に異ならず」と転ずるだけではありません。さらに、「空即是色」と新しい生命の誕生を肯定します。このことを人生論的に引きあてると「すべては滅びていく、しかしただ滅びるのではない、滅びにより新しい価値が創造される」ということになるでしょう。

この「色即是空　空即是色」のこころを茶道に汲み入れたのが、「清寂《せいじやく》」という言葉です。「色」を「清」と受けとるところに、紹鷗《じようおう》や利休《りきゆう》の深いうなずきがあります。「寂」は「空」にほかなりません。それについて、茶道に伝わる逸話をご紹介しましょう。

千利休《せんのりきゆう》の孫を宗旦《そうたん》といいます。ある日、宗旦と親交のある京都千本《せんぼん》の安居院正安《あぐいんしようあん》寺の和尚さまが、寺の庭に咲いた「妙蓮寺《みようれんじ》」という銘のある椿《つばき》の一枝を小僧に持たせて、宗旦のもとへ届けさせました。

椿の花はもろく落ちやすいものです。気をつけていたものの、途中で落としてしまいました。小僧さんは、正直にこのことを宗旦に伝えて自分のそそうを詫びます。宗旦は、にこやかに笑みを浮かべて、その過失を許すとともに、この小僧さんを茶席の「今日庵《こんにちあん》」に招きいれました。

宗旦は、席の床の間の掛けものをはずし、利休作の「園城寺《おんじょうじ》」という銘入りの竹の花入《はないれ》を柱にかけ、それに小僧さんがそそうをした花のない椿の枝を入れ、花入の下に、落ちた椿の花を置いて薄茶一服を点じて「ご苦労さまでした」と小僧さんの労をいたわって帰したというのです（井伊直弼《いいなおすけ》『閑夜茶話《かんやちゃわ》』）。

胸のすく話ではありませんか。咲いた花は散るもの、風がなくても咲いた限りは必ず散るのです。それが因です。小僧さんが落としたことは、縁です。枝から落ちた花も、花のない椿の枝も、ともに何の値うちもない空なるものです。ごみすて場に捨てていいものです。

しかし、さすが宗旦です。小僧さんの過失を許し、茶席の中のあらゆる置物をどけて、利休ゆずりの遺品の竹筒に焦点をしぼり、花を落としたさびしい枝を投げいれ、その下に落ちた椿の花をおいて「落花の風情《ふぜい》」で茶を服するおおらかな心情と態度は、心にくいばかりです。

他の過《あやま》ちを許し、価値なき物質現象に美を発見するこころは、「清寂」そのものです。色即是空をみごとに空即是色と転ずる「人生のお点前《てまえ》」に、声なき般若心経の朗々たる声を聞く感じがいたします。

「色即是空　空即是色」が消化できれば、もうあとはしめたもので、これからの話もきっと、すっと胸の中に流れこんでゆきます。

「受想《じゅそう》行《ぎょう》識《しき》亦《やく》復《ぶ》如《にょ》是《ぜ》」　心経にも「受想行識も亦復是《またまたかく》の如《ごと》し」と、漢字八字で語られているだけです。

〝梵文現代語訳〟にも、これと同じように、

「感覚も、表象も、意志も、知識も、すべて実体がないのである」

とあるだけです。原文の受・想・行・識と、今までお話しした「色《しき》」とあわせたのが、前章に述べた「五蘊《ごうん》」で、それが現代語訳にあわせると、

色――物質的現象、受――感覚、想――表象、行――意志、識――知識となり、それらが、みな「空である」とすぐに理解できるでしょう。平たくいえば、思うことも、することもみな「空」だということです。

4章・生と死

——小さな自我になぜ執着するか

舎利子《しゃりし》　是諸法空相《ぜしょほうくうそう》　不生不滅《ふしょうふめつ》　不垢《ふく》
不浄《ふじょう》　不増不減《ふぞうふげん》

舎利子よ、この諸法は空相《くうそう》にして、生《しょう》ぜず、滅《めっ》せず、垢《あか》つかず、浄《きよ》からず、増《ま》さず、減《へ》らず。

シャーリプトラよ。

この世においては、すべての存在するものには実体がないという特性がある。

生じたということもなく、滅したということもなく、汚れたものでもなく、汚れを離れたものでもなく、減るということもなく、増すということもない。

(1) 人間はなぜ死を恐れるのか

「〝こころ〟を持っていることを忘れるな」

「是諸法空相《ぜしょほうくうそう》」「是《こ》の諸法は空相なり」、私が学生生活を送った大正の末期から昭和の初期のころは、学生の思想運動がなかなか盛んで、学校や警察の弾圧もきわめて厳しかったものです。

かくいう私も、スリルも手伝って発行禁止の書物をひそかに読んだり、危険を冒《おか》して左翼教授の講義を聞きました。それが警察の目に触れないわけはありません。

ある日、学校から帰ってみると、私の机の上に『マルクス・エンゲルス全集』の一冊が置かれてあります。それは、出版を許されたものですが、全巻のどのページも○や×などの伏せ字でいっぱいです。それでも読んでいることがわかると、マークされたものです。

私は、はっとして師であり父である祖来《そらい》和尚《おしょう》を見あげました。叱られるのを覚悟して弁解の言葉をあれこれと考えました。しかし、意外にも師父は口辺に微笑を浮かべて、「お前がいない間になあ、特高《とっこう》さん（旧警察制度で政治思想関係を担当した特別高等警察の略称）がきて、お前の本棚を見せろといってなあ、あれこれと本を調べて『これを持っていく』といって、その本を取り上げたよ」と、さりげなくいうのですが、私はドキンとしました。同時に、かりにも、特高が没収するといった書物が、なぜ机上にあるのかを不思議に思いました。師父は私の疑問をいち早く察して、

「わしはいったよ。書籍を取り上げるだけで、今の若い者の思想が善導できると考えなさるのなら、こいつの本箱の本を残らず持っていきなさい。それが不可能だと思いなさるのなら、一冊の本でも持ち出すことは、監督の責任があるといわれるわしが許さぬ。けしからんとおっしゃるのなら、ぁいつよりも、わしを先に警察へ引っぱっていきなさい、ってね。……そしたら、特高さん、ふくれっ面《つら》をして『今日は不問に付すが、以後よく気をつけろ』ってね、そのまま帰ったよ」

私は思わず「すみません」と頭をさげました。師父は、ぁいかわらずの温顔で、

「わしは、学問がないからマルクスも何もちっともわからんがなあ、書物は没収することはできても、没収することも殺すことも、どうすることもできぬ〝こころ〟を人間が持っていることを忘れるなよ」

というと、師父は何ごともなかったかのように、私の部屋を出ていったのです。私は胸に

こたえました。そして、師父のこの一言は私の心中に深くつきささりました。

物的不安を解消すれば安心できるか？

それから数日後、寺の蔵書の風入れをしながら、ふと目にふれたのが『鉄眼《てつげん》禅師仮字法《かなほう》語《ご》』です。鉄眼は江戸時代初期の禅僧で、長年の苦心の末、わが国ではじめて「一切経《いっさいきょう》（仏教の経典を網羅《もうら》した大叢書）」の出版を完成した人です。その法語を開くと、

「さとりをひらきて見れば、我身は我身ながら、もとより法身《ほうしん》の体《たい》にして、生まれたるにもあらず。生まれざる身なれば、死するということもなし。これを不生不滅《ふしょうふめつ》といい、または無量寿仏《むりょうじゅぶつ》という。生ずると見、死すると見る。これを迷いの夢と名づく。わが身すでにそのごとくなれば、人の身もそのごとし。人間そのごとくなれば、鳥類畜類、草木土石《そうもくどせき》までみなしからずということなし」

とあるのが目に入りました。

「さとりを開いてみると、わが身はわが身でありながら、そのまま真理の本体の象徴的存在であり、永遠の生命の一環である。ゆえに、生まれたということもない身であるから、死するということもない。不生不滅《ふしょうふめつ》であるから無量のいのちのほとけともいう。生と見、死と見

るのを迷いの夢と名づける。わが身がすでにそうなのだから、他人《ひと》の身もまたそのとおりである。人間がそうなのだから、鳥類も畜類も、そして草木から土や石にいたるまで不生不滅でないものは何ひとつない」というのです。それは、そのときまで私が考えていたこととまるっきり違うことでした。私はびっくりしました。

当時は、経済不況時代で、生活におびやかされている者が世間にいっぱいあふれていました。それをみて世の中の矛盾《むじゅん》を感じ、私は思想運動に熱をあげていたのです。

不安のない、自由で、そして平等な社会を作りたい——の一点ばりでしたが、物質的な不安を完全に取り除いたら、それで人間はほんとうに安心できるのであろうか、という疑問を私は一度も持ったことがありませんでした。

実体のないものに、初めも終わりもない

「不生不滅《ふしょうふめつ》」　当時私は、寺から学校へ通いながら、「宗教はアヘンだ」と思いこまされていました。ところがいま、私の前には鉄眼の「生まれざる身なれば、死するということもなし。これを不生不滅という」と、短いけれど、人生の最高の不安と最大の安心を論じた言葉があるのです。最高の不安は「死」ですし、最大の安心は「不滅」です。

不生不滅――と口の中でくり返したとき、はからずも、毎日読んでいる『般若心経』――
思想運動当時も、やはり子どものころからの永い習慣で、毎日読むことは読んでいました
――にこの一節があることに気がつきました。

そこで、般若心経を開いてみると、鉄眼の言葉が一つ一つあてはまってゆくのです。それは鉄眼が般若心経を中心に説法しているから当然なのですが、「舎利子《しゃりし》」との呼びかけを鉄眼は「さとりをひらきてみれば」と受けとめます。「舎利子見よ　空即是色　花ざかり」（153ページ）そのままです。

幼少のときから習いおぼえた般若心経ですが、自分で苦心して解釈してみようと思ったのはそのときが初めてです。暗記していたから、それまで経本を手にしたことがなかったのですが、あらためて開いてみたとき、『般若心経』の「心」の字が目に入るとともに、数日前に師父がいった「奪うことも殺すことも、どうすることもできない〝こころ〟のあることを忘れるな」の言葉が思い出され、鉄眼の教えと二重に重なった大きな願いの圧力のようなものを感じて、『般若心経』を読みなおしました。

『般若心経』と私とのほんとうの出会いはこのときです。

よく出会いといいますが、生涯のうちに幾度も同じ人や同じ事に出会ったとしても、それ

はほんとうの出会いとはいえません。いのちといのちのふれあいがなかったら、どんなに多く出会っても、それは「出会えても出会えず」に過ぎないのです。

「一期一会《いちごいちえ》」が、ほんとうの出会いです。私には、師父の一言と書籍の風入れが縁になって般若心経と出会えたのです。私は、それからは鉄眼禅師の般若心経の『仮字法語《かなほうご》』を読みつづけました。思想運動は、それほど深入りをしていたわけではありませんから、別に「転向」などという仰々《ぎょうぎょう》しいものではなく、自然に運動から離れてしまいました。

しかし、『般若心経』には、一字の伏せ字もなく堂々と説かれてあるのですが、伏せ字を読みあてるよりもさらにむつかしい。むつかしく感じるのは、字の意味を解して思想をつかもうとするからで、思想と直結して文字を解すべきだと知らされたのが「是《こ》の諸法は空相《くうそう》なり」の、漢字にすれば、わずか五字の導入語でした。

梵文現代語訳には「この世においては、すべての存在するものには実体がない、という特性がある」とありますが、文字もまた実体がないのです。それは、1章の「字の書いてないお経」で記しました。

原文の「是の諸法」とある「法」は「法律」とか「××法」の意味ではなく、仏教では「物質的現象」をさす場合が多いのです。もちろん「法」には、おしえ・きまりの意味がありますが、仏教の真理である「諸行無常《しょぎょうむじょう》」や「諸法無我《しょほうむが》」（いずれも後述）、つまり、すべての事物の存在のきまりとはたらきが「物体」に現われているという意味で「物質現象」を「法」の一語で表わします。

かく物質現象に実体がない、という特性があるが、その特性は何かといえば、第一に「不《ふ》生不滅《しょうふめつ》」ということです。

不生不滅は、「生ぜず滅せず」とも「生ずるものでもなく滅するものでもなく」とも、「生じたということもなく滅したということもなく」とも、さらに「生じたともいえないものであり、滅したともいえないものである」ともとれます。いずれにしても、初めも終わりもないということで、永久とか永遠なものをさしていることに違いありません。

死とは明るい安らぎではないのか……

生と死が存在するのは、肉体の世界、物質現象の世界で、般若心経は、「すべての存在するものには、実体がない」――空であるから、存在するものはすべて生ずるものでもなく、滅亡するものでもない、と教えるのです。

肉体には生死がある。空なる世界にはそれがない。ところが、この二つが触れあうところに「苦悩」が生じるのです。人間のすべての悩みは生と死の問題に根源を持つのです。特にこの悩みを濃厚に持つのが人間で、また人間ゆえに苦悩するのです。同時に、それを解決しようと努力するのも人間だけのようです。政治力でも経済力でも、どうにもならぬ大問題であるだけに、四つに取り組むことのできる人間に生まれてきたよろこびがあるといえましょう。しかし、その解決方法を誤ると悩みはさらに悪化してしまいます。

人間が物質現象の一つである限り、死は避けられないのです。そして、私たちは死ぬことが苦であるように思いがちですが、実はそうではなくて、死から脱出したいという欲望が苦悩を呼び起こすのです。生にあこがれる裏には、未経験の死に対する不安や、心身の苦痛の想像、さらに家族の将来や仕事などを思いわずらう気持ちがあります。そこから苦が生まれてくるのです。

しかし、それらのすべての不安が解決されたとしても、知性や生活技術ではどうにもならぬ心の動揺が解明できぬ限り、苦しみは解除されないでしょう。歌人の故吉野秀雄《よしのひでお》先生に、

死をいとい生をもおそれ　人間の揺《ゆ》れさだまらぬ心知るのみ

の詠嘆《えいたん》があります。そして、先生は「暗い一方ではない。消えていくはかなさは、人間の本筋にかなうすがたで、そこに、わたしは、ほの明るい安らぎをさえ覚えるようになったといってもいいかもしれない」と述懐されましたが、先生もそこまで到達するにはずいぶんと苦しまれています。それは、読書や聴講では心の奥底の「超越的無意識」を呼び起こすことは不可能だからです。生と死とはどういうものであるかの解明は「空」を実感しなければ、観念遊戯で終わってしまいます。

大竜禅師《だいりゅう》(中国・宋代の禅僧)に、ある修行者が、

「形あるものは亡びるということは知っていますが、永遠のいのちとは何ですか?」

と問いを発します。永遠のいのちとは「不生不滅」です。すると、師は、

「山花《さんか》ひらいて錦に似たり、澗水《かんすい》たたえて藍《あい》のごとし」(『碧巌録《へきがんろく》』八十二則)

と、それこそ絵になるような格調高い言葉で答えています。美しく咲いた山のあの花もやがて散ろう。深くたたえて動く気配も見えぬ深い谷の水も流れるともなく流れている。遅い速いの差はあるが、移りゆかぬものは何もない。それが永遠のいのちだ、といわれるのです。

永遠とは、このように時間と空間を乗り超えたもので、遅速《ちそく》や長短はないと。すると、短

命なままに、早いがままに、永遠であり不滅なのです。

また、時間・空間を超えるから、生じたということもなく、滅したということもないのです。不生であり不滅です。生死なしです。

さらに煮つめると、いま・ここ・自己の三者が出会う一点が永遠不滅に通じるのです。まさしく、線は無限の点から成り立っています。それを理論でなく身体に実感しないことには、問題の解決とはなりません。

「ほんまに、死にとうない」——仙厓《せんがい》の臨終

むかし、博多《はかた》に、仙厓《せんがい》（一八三七年没）という禅僧がおりました。ひょうひょうとした性格で、書画も巧みで現在でも高く評価されています。仙厓は八十七歳の高齢で亡くなりますが、その死に際《ぎわ》に、弟子たちが高僧の最後にふさわしい後世に残る名言を引きだそうと、辞世を求めます。

枕もとに集まった関係者は、臨終の至言《しげん》を一語も聞き逃すまいと耳をそばだてました。師は重い口を開いて、

「吾《われ》に辞世の句なし」と。

一同は、唖然《あぜん》として、重ねて辞世を乞《こ》います。仙厓もまた同じく、

「吾に辞世の句なし、何が故《ゆえ》ぞ、死にともな（死にたくない）」と。

弟子たちにしてみれば、

「死をみること帰するがごとし」とでもいってほしかったのでしょうに――。

それどころか、三たび問われるのをうるさがってか、

「ほんまに、ほんまに、死にとうない」と、後世、だめを押すようにつぶやいて没したといわれます。

しかし、仙厓和尚の徳光は少しもかげることなく、今日まで尊敬者が多いのです。

後世、「死にたいか？」と聞かれたら「死にとうない」と仙厓師は答えたのであり、もし、「生きたいか？」と問われたら「生きとうない」と師は答えたに違いない。なぜなら、生と死を対立的存在と考えるのは迷いであり、そのいずれにも執着する迷いを切断したのが、禅の道髄《どうずい》（神髄）を得た仙厓であるからだと、弁護する人がありますが、かえって〝ひいきのひきたおし〟です。

私は仙厓さんの逸話についで、必ず親鸞《しんらん》聖人が愛弟子《まなでし》の唯円房《ゆいえんぼう》に告げた次の言葉を思い出します。

いそいでお浄土へまいりたいと思う心もないのに、ちょっとした病気にかかると、死ぬのではなかろうかと心細く感ずるのも煩悩のせいです。久遠《くおん》の昔から迷いつづけて来た苦悩の故郷は容易に捨てられません。まだ生まれたこともないお浄土を恋しいとも思えないのも、私の煩悩が深いからです。どんなに名残《なごり》惜しく思っても、この世の縁が尽きて、生きる力もなく命を終えるときが来たら、間違いなくお浄土へ参れるのです。急いで参りたい心のないものを、み仏はひとしおあわれんでくださるのです（『歎異抄《たんにしょう》』九）

「なごりおしくおもえども、娑婆《しゃば》の縁つきて、ちからなくしておわるときに、かの土《ど》へはまいるべきなり、いそぎまいりたきこころなきものを」との親鸞の言葉と、仙厓さんの「吾に辞世の句なし、何が故《ゆえ》ぞ、死にともな（死にたくない）」との語句とを重ねてみると、仙厓・親鸞ともに、死に憧《あこが》れず浄土を願わないのは、私たちの心中には死ぬまで煩悩がつきまとう証拠を告げるものです。

この煩悩の解決は、ただ生を求めたり、いたずらに死を恋う所では得られません。生命あるかぎり精いっぱい生きることが、そのまま至福の死に通じるので、生死のいずれにもとらわれず、生死に随順《ずいじゅん》して、充実した生き方をすることが、実は生死《しょうじ》の煩悩を解決する道であることを、仙厓や親鸞の逸話や語録から学ぶべきでありましょう。

生も死も人間の自由や選択の外にあって、どうにもならぬものだから、どうにもならぬものは、どうにもならぬと素手《すで》で受けとって、腹をすえ、悪くいうなら〝居直って〟、かけがえのない、たった一度の一生を、たった一人しかない自分を、今日という日は二度とないのだと、ひたすらに生かされ、生きてゆくのが永遠に生きることなのです。

生死がないのでなく、生死がありながらも生死に引きずりまわされぬ生き方が不生不滅の生き方です。

さきほど、仙厓和尚の弁護者を批判しましたが、たしかに、生と死とを対立して考えるのは迷いにほかなりません。生の中に死が、死の中に生があるのです。

ほほえみながら死んでゆけたら……

たいへん暗い話がつづきましたが、暗いのは般若心経ではなく人生が暗いのです。逃避やごまかしではなく、暗さをどこまでも見つめることによって〝暗いままの明るさ〟に生きよと、般若心経は呼びかけているのです。

知人の女医の竹下まさえ先生が、かつて私に話してくれました。

「ある重患の老婦人を診察するのが楽しみです。その患者さんは、気分のよいときは〝ありがとう〟といってくれるし、悪いときは黙って手をあわせてくれます。それもできないときでも、心に微笑を浮かべているのがよく感じられます。私は患者さんを診察しつつ、この人から何かを教えられ、逆に励まされるのです」と。

誰もが死ななければならぬ。しかも、自分にも周囲の者にも安らぎを味わえるように、仙厓さんのように〝死にとうない〟といって、ほほえみながら死んでゆけたら、それが生死の中にあって生死を超《こ》える不生不滅の生き方です。

しかし、そうなるのはもとより容易なことではありません。ゆえに般若心経が「すべての存在するものには実体がない」という空観を身につけよ、と教えるのです。このことを学ぶのがほんとうの人生の知恵です。

たとえ、深く理解できずとも、般若心経をいくたびも読誦《どくじゅ》してゆくと、その積み重ねに応じて心の安らぎが得られるものです。

「空」の中には生死がない、不生不滅だというのを禅語で「山中に暦日《れきじつ》なし」と表現します。人里離れた深山におれば暦《こよみ》の必要はありません。大自然に日付の必要がないように、空《くう》の世界には、初日《しょにち》や千秋楽《せんしゅうらく》の設定はないのです。

ところが、私たちは、とかく自分中心の選《よ》り好みや身勝手が高じると、生を好み、死を厭《いと》うのをはじめとして、きれいとか、きたないとかに執着いたします。この選り好みや身勝手を引き抜いてしまえば何ということもないのです。

しかし、暦《こよみ》を必要としない、時間を必要としない生活こそ、実はほんとうに生命を大切にして生きてゆくことになるのです。

不生不滅は「無始無終《むしむしゅう》」といってもいいのです。図で表わせば「円周」となります。円周上の一点はどこを捉《とら》えても初めであり、終わりでもあります。おさえたその現時点を精いっぱい生きていく人こそ、ほんとうに不生不滅の円周の軌道に乗った人です。その人も人間であるかぎり、必ず死にますが、そのいったこと、したことは永遠に生きつづけます。死ぬ者の中に、終わりあるものの中に、生きつづけて死なない永遠なものを見ることが大切です。選り好み、身勝手を離れたら、必ずそれがわかるというのが般若心経の「不生不滅」の教えです。

(2)　汚《よご》れたこと、浄《きよ》いこと

蓮《はす》の花さえ泥沼に咲く

「不垢不浄《ふくふじょう》」　「不生不滅」でたいへん時間をとりましたが、これさえわかれば、あとはずっと楽です。般若心経の次のところを読み下《くだ》すと、「不垢《ふく》にして不浄《ふじょう》」となりますが、前段の「是《こ》の諸法は空相なり」を承《う》けていることは申すまでもありません。

また、梵文現代語訳によると「汚れたものでもなく、汚れを離れたものでもなく」とありますが、やはり、前文の「この世においては、すべての存在するものには実体がないという特性がある」につづいています。

「存在するものは、空のすがたにほかならず」と受けとめられれば、生も滅もないように、不垢不浄《ふくふじょう》――不浄《ふじょう》とか浄《きよい》とかの区別はないわけです。

生と死とは、そのままで「空」の真相を表わしています。空というと、前にも申しあげましたように、「ゼロ」のニュアンスが強いので（148ページ）、玄奘《げんじょう》は「真空《しんくう》」と訳しましたが、これも現代では物理用語の「物質が全然ない空間」を意味して、仏教用語の意味を失ってしまいました。南禅寺《なんぜんじ》管長の故柴山全慶《しばやまぜんけい》老師は、積極的に「空」を「一真実」と訳されました。私は、前述したように「充実した無」と受けとめます（154ページ）。

空・一真実・充実した無は「汚れたものでもなく、汚れを離れたものでもない」のが特色です。存在するものの現象には、たしかに美醜がありますが、それは、見る側の選択がそうさせるからです。自我抜きの世界が空です。そこに〝垢〟とか〝浄〟はありません。いわゆるきれいな水では蓮《はす》は生長しにくいのにも似ています。はきだめや泥沼が縁になって、花が咲くのです。

氷多きに水おおし、障《さわ》りおおきに徳おおし――とは、親鸞聖人《しんらんしょうにん》の教えですが、禅語にも「泥、多ければ、仏、大なり」とあります。氷が多ければ多いほど、溶《と》けると水量は多いように、泥がたくさんあればあるほど、大きな仏像ができる。人間も、罪や過《あやま》ちがあればあるほど、人間性にめざめた真実の人間になれる――というほどの意味です。

氷なら溶かす、罪ならさんげ（懺悔）する営みがあれば固い氷もやわらかい水に、好ましくない過ちもしあわせに価値転換ができます。自我に執着しないときに、固さも暗さも、そのままに、好ましい価値がそこに生まれてくるのです。ここでいう「汚れたもの」とは、煩《ぼん》悩《のう》のことです。煩悩とは「好ましくない心の状態」のことですが、くわしく、「身体や心を悩ませ、かき乱し、汚《けが》す精神作用の総称」と辞典は教えてくれます。

この煩悩も本来は空《くう》であると般若心経は申します。逆にいうならば、空ということをよく理解できると、人間も煩悩も、ともに「汚れたものでもなく、汚れを離れたものでもない」のです。それが「空観《くうかん》」——空による人生観・世界観です。

「頂戴しなければならぬものは、どうしても……」

鎌倉に建長寺《けんちょうじ》という有名なお寺があります。そこに住された前管長の菅原時保《すがわらじほう》老師（一九五六年没）は〝今一休《いまいっきゅう》〟といわれたほど奇行に富んだ禅の高僧で、逸話がたくさんありますが、ご自身の思い出話の一つ——。

わしは、群馬県の山寺の小僧として育ってな。あるとき農家へ一人でお経をよみに行った。まだ十歳にもならぬときだ。ふと、赤ん坊の泣き声がするので、よく見ると板の間を這《は》いながらおしっこをしている。赤ん坊のうしろには、ご飯のしゃもじが落ちとる。それにおしっこがかかっておる。何も知らぬ母親は、そのしゃもじを拾うと、そのまま釜からお櫃《ひつ》にご飯をうつすんだよ。

わしは驚いたなあ、食事が出たがはしをつけずに帰ったよ。それからまた七日すぎてその家へ行った。お経がすむと熱い甘酒を出してくれた。寒い日だったし、甘くてうまいから、わしは嬉しくて何ばいも飲んだものだ。

おばさんも喜んでくれてなあ、お小僧さんありがとう。この前は何も食べてくれんので、ご飯がみんな残ってのう。わしは困ってなあ、甘酒に仕込んだら、こんなにたくさん飲んでくれて、わたしは嬉しいよ、ありがと、だってさあ。

わしは、またびっくりしたなあ。七日前のおしっこのかかったご飯が甘酒になったとは知らなんだが、もう取り返しはつかん。わしは甘酒を見ると、思い出すなあ。……

このお話を、今枝全誡《いまえだぜんかい》師（東京都・徳源院住職）から聞いたとき、私は腹をかかえて笑いました。今枝師は、笑いを抑えながら、私に言われました。

「そのあとの管長さまのひと言がありがたいんですよ。思い出話がすむと、誰にいうともなく〝頂戴《ちょうだい》しなければならぬものは、どうしても頂戴しなければならんようにできているんだなあ〟ってね」

それを聞くと、私は、笑いが一ぺんに消えました。『頂戴しなければならぬものは、どうしても頂戴しなければならんようにできている』――人間の小さな考えを基《もと》にして逃げ隠れしてもだめなのです。腹が痛いとかなんとかいって、そのときは逃げきったように思っていたら、どっこい〝甘酒進上《しんじょう》！〟と最後はつかまってしまうのです。

赤ちゃんのおしっこのかかったご飯は汚《きたな》いと思って食べずにすませたが、汚いはずもないと思いこんで口にした甘酒が汚かったのです。逃げることができたと思ったが、そうではなかったのです。しかし、「運命論」ではありません。汚いとか、汚くないとか判断する「自分」そのものが不垢《ふく》・不浄《ふじょう》のどちらかに足を引っかけ、選《よ》り好みをしているかぎり、そこから解放されようがないことを知ることです。

自分をふくめて人間を、世の中を、浄不浄、正邪、善悪のいずれかに規格づけようとするかぎり、ほんとうのことはわからないのです。××主義というように、主義にかじりつくのはもちろん、信仰にすら執《とら》われたら、ほんとうの人生はわからないのです。

もう〝甘酒〟の話は越えています。しかし、このお話をうかがったとき、私自身の心中に深くこたえるものがあり、今でも「煮え湯を飲まされた」とか、「裏切られた」とか、オーバーに考えやすいとき、ふと〝甘酒〟を思い出しては、心が和《なご》むのです。

「卑《いや》しいことにも尊さを」

私は、「不生不滅」から生命の厳粛《げんしゅく》さを学び、「不垢不浄」から毎日の生活で出会うさまざまの事がらに、現象面だけで価値判断をしてはならぬことを教えられます。

みにくいとか、無価値とかよくいいますが、私たちは自分の能力に限度があるのを忘れて、真価を発見できない無能さを恥じるのを忘れておりはしないでしょうか。

「不垢不浄」とは、言葉をかえていえば、「どのように汚くみえるものでも、必ず美しいものが宿っている」ことを実感することです。それは、そのまま生命に対しても、生を好み死を嫌う偏狭さから、生死をおおらかに受けとめる自由が生まれます。

正岡子規《まさおかしき》が「禅とは、平気で死んでゆくことだけを教えるのだと思っていたら、どのようなときでも精いっぱい生きぬいてゆけ、と教えていることがわかった」といっていますが、それは禅に限ったことではありません。

前にも触れた俳人、放哉《ほうさい》の「いれものがない　両手で受ける」の句のように、すなおな柔軟さで受けとめるこころを、私たちが持っているのだと気がつくと、事物や現象を見る目が、だんだん違ってくるのは確かです。

何を見ても美しい――それが不垢不浄のぴ、ち、ぴ、ち、した生きかたです。そのように見えてくるのは、短い生命をいとしむ慈愛のこころが芽ばえた証拠です。

東京の下町のバタヤ部落の〝アリの街〟の住人たちの、よい友となり、短い一生を終わった北原玲子《きたはらさとこ》さんは、いつも彼らに、

「醜い中にも美しさを、卑しいことにも尊さを、乏しい暮らしにも豊かさを、まずいものにもおいしさを、苦しいときにも楽しさを、ニッコリ笑って発見しよう」

と語りかけました。彼女が〝アリの街の天使〟と賛《たた》えられ慕《した》われたゆえんです。

誰でも自他の区別から抜け出せば、何を見ても美しく見えるようになるのです。それが「不垢不浄」の愛情ですが、現代人はこの愛情の存在に気がつかないようです。

今日は、戦争とか、公害とかの大問題をめぐって、人間や文明の危機が論じられています。

「人間とは何か・文明とは何か」と本質が問われているのです。真の知性を高める必要をいよいよ痛感します。

「不生不滅」も「不垢不浄」も小さな自己が抜き出されて、大きな「空」に吸収された状態をさすので、それを宗教的には「救い」とか「解脱《げだつ》」といいます。

なお「不生不滅」・「不垢不浄」といっても、人間が数億年も生きられるのでもなければ、

煩悩が摘出されて、みんなが神さまになってしまうというのでもありません。苦悩の内容を、ときには高め、ときには深めて、より高次元の苦悩を背負うことです。自分だけの小さな悩みにかかずらっているのではなく、他人の悩みを悩み、どうしたら自分も、あの人たちも、しあわせになってゆくだろうかと、悲しみ悩むところに次元が高められてゆくのです。

この意味で「考える」とは、「悩むこと」と同意語となり、さらに「慈悲」にまで高められてゆくのです。

(3) 永遠の調和

「猿沢池《さるさわのいけ》」とは〈去《さ》る・差《さ》・和《わ》の池〉

「不増不減《ふぞうふげん》」　次が「不増不減」です。奈良市・興福寺《こうふくじ》南門前にある「猿沢池《さるさわのいけ》」は、全国に有名で、同地方へ観光に出かけた人なら必ずその池畔《ちはん》で休息しているはずです。池の周囲は約三百四十メートルで、『大和物語《やまと》』や、『枕草子《まくらのそうし》』などにも、この池の名がよく出てまいります。インドの獼猴池《びこういけ》を模《も》したのだそうですが、月の夜にこの池の周辺を逍遥《しょうよう》するのも楽しいものです。

「名月や池をめぐりてよもすがら」の古句をしのばずにはおられません。

「猿沢池」の命名のいわれは、遠くインドにあるのかもしれませんが、あるとき、ガイドさんの〝この池は不思議な池です。どんなに日照りつづきでも池の水は減りませんし、またどんなに雨が降りつづいても池の水は増えません〟という説明を聞いたとき、私は般若心経に「空」の特徴やはたらきを示す「不増不減《ふぞうふげん》」の言葉のあるのを思い出しました。

「不増不減」は、「不増にして不減なり」と読み下します。梵文現代語訳には「減るということもなく、増すということもない」とありますが、やさしく表現すれば「増さず・減らず」で、空の本体の中には増・減がない。人間が自分に執《とら》われて、増減の価値判断をするのであるから、この「自分」を抜いてしまった空の世界には、「増減」はないということです。ゆえに、私は「猿沢池」とは〈去《さ》る・差《さ》・和《わ》の池〉だな、と直観したのです。〈差〉は減ること、〈和〉は増えること、この増減への執着心をとり〈去れ〉ば、「空」の池を見ることができるとの教えだなと思うのです。

しかし、こんなことをいっても誰も信じてくれず、笑われるだけですが、私は今でもまじめにそう思っています。学問の総府ともいうべき「法隆寺《ほうりゅう》」を建て、政治理想を高く標榜《ひょうぼう》して「大仏」を造った私たちの先祖たちです。一つの池を掘るのにも、今と違い、観光や産業開発だけが目的ではなく、工事の基底に虔《つつま》しやかな宗教的情緒を持っていたに違いありません。このような先祖たちが、ただ風景をそえるだけのことで、あの池を掘ったとは思えないのです。興福寺とわずか道を一つへだてたところに、この池があることでも、私は先祖の願いを感じるのです。

「不増不減」は、永遠を示すとともに、バランスの取れた中道をも示します。いつも波だたぬ水面に空《くう》の静寂さを語らせています。

『般若心経』のある講義書には「不増不滅」を、物理学でいう「エネルギー不変の原理」になぞらえて解説してありますが、私はその説を取りません。なぜなら、般若心経は物質と精神とを並列させずに、より高い次元の統一した立場で説いているのです。つまり、「一真実」の「空《くう》」から観《み》ているのです。一真実は前にも記しましたが、一つ二つの一ではなく、「絶対真実」のことです。そこには増・減の変化はないのです。

名誉も非難も一刻《ひととき》の幻《まぼろし》

早い話が、私たちの一つの言動に対し、第三者が賞《ほ》めようと、そしろうと、その実績は増えも減りもしないでしょう。ところが実際は釈尊がいわれるように、

「彼、われをののしり　彼、われをうちたり
彼、われをうちまかし　彼、われをうばえり」
かくのごとく　こころ　執《しゅう》する人々に
うらみはついにやむことなし（法《ほっ》句経《くきょう》・三）

で、それらの言動に執着するかぎり、心の池には増減の波が立つのです。ゆえに釈尊はつづいて、

「彼、われをののしり　彼、われをうちたり
彼、われをうちまかし　彼、われをうばえり」
かくのごとく　こころ　執せざる人々こそ
ついにうらみの　止息《やすらい》を見ん（法句経・四）

と、うたわれますが、それらに執せざるときに、つまり、それらを空《くう》じたときに増・減の波がおさまるのです。それなら、他からの批判攻撃を空じるのには、どうしたらよいかといえば、釈尊は同じく詩の形で説かれます。

ただ　一向《ひたむき》に　そしらるる
ただ　一向に　賛《ほ》めらるる
かかるもの　過ぎゆきし日にはあらざりき

今もまたあらざるなり
やがて来ん日にもあることなからん（法句経・二百二十八）

この詩句は、おそらく釈尊自身の体験から口をついて出た言葉でしょう。全人類から満場一致の賞賛を受けられるような完全無欠の人間は、いつの時代にもありません。同じように全人類から、満場一致で非難を受けるような欠陥性格で満タンになっている人間も、いつの時代にも存在しません。現象だけで一喜一憂すると感情は疲れてしまいます。

この道理がわかると、私たちの心は、賞められたからといって財産が増えたように有頂《うちょう》天《てん》になるのも、悪くいわれたからといって損をしたように思うのもつまらぬことです。そんな小さな自分は、それこそ猿沢池のコイに食べさせたらいいのです。

しかし、いちばんわかりやすくて、いちばんわかりにくいのが「人間」なのですから、そこに人間完成の「祈り」や、「願い」が求められるのです。それは個人はもとより、現在のように「人類のあり方」の本質が問われる時代にあっては、とくに個人の向上の願望をかき立てる必要があります。

5章・平凡と非凡

——空《くう》の中にこそ自由と真実がある

是《ぜ》故《こ》空《くう》中《ちゅう》無《む》色《しき》　無《む》受《じゅ》想《そう》行《ぎょう》識《しき》　無《む》眼《げん》耳《に》
鼻《び》舌《ぜっ》身《しん》意《い》　無《む》色《しき》声《しょう》香《こう》味《み》触《そく》法《ほう》　無《む》眼《げん》界《かい》
乃《ない》至《し》無《む》意《い》識《しき》界《かい》

是《こ》の故《ゆえ》に空《くう》の中には色《しき》もなく、受《じゅ》も想《そう》も行《ぎょう》も識《しき》もなく、眼《げん》も耳《に》も鼻《び》も舌《ぜっ》も身《しん》も意《い》もなく、色《しき》も声《しょう》も香《こう》も味《み》も触《そく》も法《ほう》もなく、眼界《げんかい》もなく、乃至《ないし》意識界《いしきかい》もない。

実体がないという空の立場においては、物質的現象もなく、感覚もなく、表象もなく、意志もなく、知識もない。眼もなく、耳もなく、鼻もなく、舌もなく、身体もなく、心もなく、かたちもなく、声もなく、香りもなく、味もなく、触れられる対象もなく、心の対象もない。眼の領域から意識の領域にいたるまでことごとくないのである。

「空《くう》じつくす認識」とは「偏見《へんけん》を去る」こと

「是故空中無色《ぜこくうちゅうむしき》」　この漢訳「是《こ》の故《ゆえ》に空《くう》の中には」を現代語訳では、「実体がないという空の立場においては」とうけとめてあります。ともに「空の立場から観《み》れば」ということです。

空《くう》の立場から観れば、色《しき》（物質的現象）はない——と。特に五蘊《ごうん》の筆頭の色だけを取りあげられた点に、いかに私たちが色に執着しているかがわかります。トップの色が崩《くず》されれば、五蘊の残党の受《じゅ》・想《そう》・行《ぎょう》・識《しき》も亡《ほろ》んでゆきます。それが、

「無受想行識《むじゅそうぎょうしき》」　です。五蘊《ごうん》については、前に記しましたが、（134ページ）原語は梵語のバンチャスカンタで〈五陰《ごうん》〉とも訳します。「存在」を存在たらしめている「五つのあつまり」のことです。

たとえば、人間が人間として存在するためには、①肉体（色）、②感覚（受）、③感覚した概念を構成するはたらき（想）、④概念を記憶して意識をつくるはたらき（行）、⑤意識や記憶を積み重ねてできる知識（識）の五要素が必要です。それが、仏教の人間観です。そして、この五要素が構成しあう——これを「因縁《いんねん》」（160ページ）と申します。この構成を抜き

にしては、人間は、存在し得ようはないから、「空」なりというのです。

さらに、その五つの構成分子も、それぞれ同じように各種の必要分子が集まって構成しあうわけですが、その構成も因縁の法則によるのですから、構成する要素自体もまた「空」なりというのです。

「無眼耳鼻舌身意《むげんにびぜつしんい》」　人間には、眼・耳・鼻・舌・身の五官がありますが、仏教ではそれに思考する器官の「意」を加えて「六根《ろっこん》」とします。〝六根清浄《ろっこんしょうじょう》、お山は晴天〟と唱《とな》える、あの「六根」で「根」は機関とか能力の意味です。この六根も、その土台となるところの「五蘊《ごうん》」が空《くう》ぜられる（否定される）から、これまた「空」になることは、申すまでもないでしょう。

「無色声香味触法《むしきしょうこうみそくほう》」　「色《しき》・声《しょう》・香《こう》・味《み》・触《そく》・法《ほう》」を「六境《ろくきょう》」といいます。認識の対象となるものを「境《きょう》」とよびます。つまり、前の六根が感覚作用を起こす対象です。

眼によるのが「色境《しききょう》」・耳によるのが「声境《しょうきょう》」・鼻によるのが「香境《こうきょう》」・舌によるのが「味境《みきょう》」・身体によるのが「触境《そくきょう》」・意識によるのが「法境《ほうきょう》」です。それもまた空じられるのです。

「無眼界乃至無意識界《むげんかいないしむいしきかい》」　つぎに、六根が六境を認識する作用もまた六つあります。それを「六識《ろくしき》」といいます。般若心経の「眼界乃至意識界《げんかいないしいしきかい》」と、「乃至」という言葉で省略してあるところです。くわしくいうと「眼識《げんしき》（見）・耳識《にしき》（聞）・鼻識《びしき》（嗅《きゅう》）・舌識《ぜつしき》（味）・身識《しんしき》（触）・意識《いしき》（知）」です。心経には「眼界乃至意識界」と「界」の字を使っていますが、「認識の領域」と見たらいいのです。それが空じられるから――「眼の領域から、意識の領域にいたるまで、ことごとく無いのである」ということになります。

たいへん、煩瑣《はんさ》なことをくどくど記してご迷惑ですが、ここで、まとめをつけましょう。いままで申しました眼耳鼻舌身意の六根、色声香味触法の六境、見聞嗅味触知の六識を合わせたのを「十八界」といいます。これをすべて「空じつくす」というのが、この段の結論なのです。

こうした「空じつくす認識」を、生活に当てはめるなら、まず「偏見《へんけん》を去る」ことになります。私たちは、とかく「自分の眼で見たから、まちがいはない」「この耳で聞いたのだから、確かだ」「体験したのだから、ほんとうだ」と主張するのです。それがエスカレートすると、「自分のいうことや信ずることだけが正しく、他はすべてまちがっている」ことになり、ひいては自分以外は、すべて「敵だ」と思いこむことになります。

浄土真宗の中興の祖といわれる蓮如《れんにょ》上人（一四九九年没）は「われ、われ、ということあれば、わろきなり」と言います。蓮如は「人間は、だれもがそれぞれ『われ（自我《エゴ》）』という眼鏡をかけている。この眼鏡の焦点に合うものだけが自分に好ましく見える。そうでないものは好ましくないものだと判断する。『われ』を中心にすると、自分ではよいことをしたつもりでも、実は悪いことをしている場合もありうるから、『われ』という眼鏡をかけて見（考え）てはいないか、とつねに反省するがよい」と教えるのです。

蓮如が諭《さと》すとおり、私たちは自我《エゴ》を、まっこうからそれこそ木ッ端《こっぱ》みじんにうち砕かぬかぎり、人間の思索は深められないでしょう。もちろん、豊かな人間性の育つはずもありません。

顔に眼や鼻があることの不思議

偏見を去り、のびのびと考えてゆくには、固定的な思想的立場もまた「空ずる」必要があります。この章のはじめに「実体がないという空の立場においては」とありますが、この立場も空じられることが指向されているのです。

ところで、思想的立場を持たない、というと異様に感じられるでしょう。少々、舌たらずの表現ですが、いかなる「主義」も持たないのだと、いいかえてもいいのです。とかく、人びとは「××主義を信奉する」といいます。たいへん、〝かっこいい〟ようですが、うっかりすると自分の信条を固執して、他の意見を入れない独善になりやすいから、釈尊は固く戒《いまし》められたのです。

どのようによい教えでも、正しい信心でも、それに執《とら》われたら、そのときから自他の対立を生じ、人生に狂いを生じます。それを戒めるのが「空の立場」です。執われないおおらかな世界が「空の中」ということです。

この「空」の一つのあらわれが、「無」です。それは「執われることがないとき」という意味を持っています。その意味で、「無は自由なはたらきそのもの」といってもいいでしょう。

たとえば、自分の身体という一つの存在、つまり「色《しき》」も、わが身だけに執われると強いものと思いがちになります。それを、すすんで、自分の身体ではないと空じてみます。すると自分の力だけで生きているのではない。多くの力で生かされているのだとわかってくると、利己的な行動から脱出できて、自由なはたらきができます。

確実に存在する身体がない――というような無理をいっているのではありません。有る身体（色）に執《とら》われる心がなくなったところが「無色《むしき》」ということです。すると、そこに「色《しき》の自由」が得られます。それを「無色《むしき》」といい、「空観」となります。

この方式で、五蘊《ごうん》の残りの受・想・行・識を、空観してみてください。すると、感覚や概念構想や、意識活動や知識の自由とは、どういうものであるかが一応理解されるでしょう。

六根《ろっこん》の場合も同じです。「無眼《むげん》」と聞いてびっくりされた人もあるでしょう。

洞山《とうざん》という昔の中国の禅僧が、子どものころに、般若心経を教わりました。そして「無眼《むげん》耳鼻《にび》……」と読みすすんでいくうちに、子どもながらに驚いて、自分の顔をなでまわしながら、「私には、ちゃんと眼も耳も鼻もあるのに、なぜ般若心経には、無眼耳鼻とあるのですか」と質問したそうです。

実は、この点に不審と疑問を持ってほしいのです。五官があるのは、あたりまえだとして、「考える権利」を捨てるようでは、般若心経はおろか、人間の生き方すらわからないでしょう。

少年の洞山は般若心経に「無眼」とあるのを驚くことによって、自分の顔に「両眼」があることの不思議に、さらに驚いたのです。歌人の筏井嘉一《いかだいかいち》さんに「そなわりて目鼻耳口ある顔をわれも持つことにおもいいたりぬ」の一首があります。

しかし、この不思議を、知識人やおとなたちは、持ち前の知識と経験だけで解決したつもりで、無関心にすませているのです。

生物学者や人類学者は、さらに深い角度で五官の存在理由を説明してくれるでしょう。しかし「眼が顔にある」というこの事実は、やはり不思議というほかはありません。

自分の所有観を無にすれば……

私たちは、現代でも不思議という言葉を、人間が考えられる範囲外のことがらに対して用います。しかし、ほんとうの不思議とは、むしろ説明しつくせない平凡な事実にあると思います。

北原白秋《きたはらはくしゅう》の詩に、

　バラノ木ニ
　バラノ花サク

ナニゴトノ
不思議ナケレド

がありますｰ不思議でないが、厳然たる事実は、やはり不思議だ、との思いがこめられています。

顔に、眼があり鼻があり、耳があり口がある。不思議でないのが不思議です。尾崎放哉《おざきほうさい》に「爪切った指が十本ある」との胸を打つ俳句があります。爪を切った指がちゃんと十本あることの不思議さに徹すると驚きとなり、そして感謝となります。

同じように、顔に眼鼻があることに不思議と驚異を感じたとき、はじめて五官とその認識作用が生まれます。自分の眼鼻であるが、自分中心に用いるな、と、それこそ「わがものの顔」の自己本位を空じたのが「無眼耳鼻……」にほかなりません。

自分の所有観を空じて、はじめて正しく見・聞きすることができるのです。無にしてはじめて正しく見たり、聞いたり、話したり、考えたりすることができるのです。

眼がどんなに美しいものを見ても、ただ「きれいだ」と見て、それ以上に執われない自由の眼が「無眼」です。美しい花を見ながら、美しいことがわからなかったり、美しいと心中で思いながらも、しいて美しくないような見方をしようとするのは、ともに正しい見方ではありません。
この方式で「耳・鼻・舌・身・意」を空じてみてください。

雪の下には草が芽ばえている

この「空」を芸術的にうけとめて「無」の境地を大成したのが、日本の茶道《さどう》でありましょう。この道はご承知のように、千利休《せんのりきゅう》（一五二二〜一五九一）とその師の武野紹鷗《たけのじょうおう》（一五〇二〜一五五五）によって代表されます。当時は、いわゆる舶来の調度品《ちょうどひん》を茶室に飾ったり、高価な美術品を身につけるのを得意としていたものです。しかし、禅を学んだ紹鷗は空《くう》を体得していたので、器物よりも器物を持つ人間のこころを重視し、新しいゆき方を開拓して、これを「わび茶」とよびました。
紹鷗は、わび茶のこころを人から問われると、いつも藤原定家《ふじわらのていか》の次の一首を示しました。

みわたせば　花ももみじもなかりけり　うらのとまやの　秋の夕ぐれ

うらのとまやとは、静かな浦（入江）の水辺に建てられたすげやかやなどの草を菰《こも》のように組んで屋根をふいたそまつな小屋のことです。

定家の歌には、水辺の秋の夕べのさみしさがよくあらわれています。秋も深いので、もみじもすべて落葉しつくしている。もちろん花などあるわけはない。ただ人の住むらしい家を見うけるが、それもそまつな小屋である——と、見わたす限りの淋《さび》しい、しょうじょうとした風光に「空」の一つの景観を表象しています。そして、これが「わび茶」の境地だと、紹鷗は示すのです。

彼は、華美《かび》を去り、人工を加えぬ天地のすがたに茶の理想を求めたのです。質素と自然を、茶の作法の規準としました。そして、寂《さ》びきった晩秋の、訪《おとな》う人もない「うらのとまや」に、紹鷗の「わび茶」を標榜《ひょうぼう》したのです。たしかに、彼の茶は「空に徹した茶」といえましょう。

利休は、はじめ易庵《えきあん》という人から茶を学びましたが、さらに紹鷗を師としてその奥儀《おうぎ》を得て、「わび茶」を大成したのです。利休は、『新古今《しんこきん》集』に見える家隆《いえたか》の詠草《えいそう》——

花をのみ　まつらん人に　やまざとの　ゆきまの草の　春をみせばや

を借りて、さらに、師の紹鷗のいう「秋の夕ぐれ」をも空じつくした風光を示しました。すなわち、見た目には、もみじもない花もない、いわゆる「色《しき》」がない、その「秋」をも空じた冬の様子と、さびしい「うらのとまや」を空じた「やまざとの雪」とが、この歌で語られています。

見わたす限り、白一色の山里の景色です。晩秋以上に何もない眺めです。しかし、冷たく降り積もった雪の間に、すでに草が芽ばえているではないか、と空じつくした底は、決してゼロではなく、あなたの求めている真理の「花」を感じとるのが、利休の「わび茶」のこころだったのです。

空の中にこそ、空の立場に立ってこそ、自由と真実が得られることを教えているのです。

無《む》無明《むみょう》　亦《やく》無《む》無明《むみょう》尽《じん》　乃至《ないし》無《む》老死《ろうし》
亦《やく》無《む》老死《ろうし》尽《じん》　無《む》苦集滅道《くしゅうめつどう》
無《む》智《ち》亦《やく》無《む》得《とく》

無明《むみょう》もなく、また無明《むみょう》の尽《つ》くることもなし。乃至《ないし》、老も死もなく、また、老と死の尽くることもなし。苦《く》も集《しゅう》も滅《めつ》も道《どう》もなく、智《ち》もなく、また、得《とく》もなし。

（さとりもなければ）迷いもなく、（さとりがなくなることもなければ）迷いがなくなることもない。こうして、ついに、老いも死もなく、老いと死がなくなることもないというにいたるのである。苦しみも、苦しみの原因も、苦しみを制することも、苦しみを制する道もない。知ることもなく、得るところもない。

6章・快楽と煩悩《ぼんのう》

——重荷を背負ってこそ成長がある

(1) 生命《いのち》と本能

苦悩と不幸の根本原因は〝無明《むみょう》〟

釈尊は、人生の無常や変遷の情況について思索を深めて、その原因を次から次へとさかのぼって追求して十二の系列を立てたといわれます。さらに、その究極の原因から生ずる結果を、次から次へと逆に同じく十二の系列に明らかにしたと伝えられています。それが「十二因縁《いんねん》」であり、また「十二縁起《えんぎ》」とも名づけられる因縁の法則です。

いいかえるなら、人が過去から現在に生まれて死んで、そして未来に生まれてゆく過去・現在・未来の時間と空間の流れを、十二項目の原因と結果の、いわゆる因果《いんが》関係で説かれたもので「運命論」ではなく、「必然論」というべきものです。

人間の年齢の計算も、西洋的発想法によると、母の体から、社会に出たときから数えます。しかし、東洋的発想法では、母の胎内《たいない》に生命が宿ったときから計算します。したがって、前者によると、いわゆるこの世に生まれ出て、うぶ声をあげたときがゼロ歳です。後者によると、母の胎内にある十カ月が含まれているので、この世に出たときは、すでに一歳なのです。

ゼロ歳の起点を現在におく「満歳」の計算方法と、母の胎内、つまり過去に原点をおく「数え歳」の発想の相違は興味深いものがあります。

釈尊は、さらにさかのぼって母の胎内に生命が宿る事実の原因を、次から次へと思索されるのです。ただ原因を追求するだけではなく、それによって人生に生ずるすべての迷いを制してゆく方法も、あわせてさとられたのです。

その十二の項目とは、無明《むみよう》・行《ぎよう》・識《しき》・名色《みようしき》・六入《ろくにゆう》・触《そく》・受《じゆ》・愛《あい》・取《しゆ》・有《う》・生《せい》・老死《ろうし》です。


「無《む》無明《むみよう》　亦《やく》無《む》無明《むみよう》尽《じん》」　「無明もなく、また無明の尽《つ》くることもなし」の「無明《むみよう》」は、仏教の術語で、世間でも使っているようです。しかし、正しくは理解されていません。

「無明」の原語は、梵語《ぼんご》のアビドヤーです。仏教辞典には〈人生の真理に対する正しい知恵のないこと。事象や道理をはっきり理解できない精神状態・苦悩や不幸の根本原因〉とあります。そして、この〈誤った知恵によって、人間のあらゆる行為や経験がつまれていく〉というのが、基本的な解釈です。

ところが、この〈正しくない知恵〉とか、〈誤った知恵〉とかは、他から教わったものではありません。誰からも教わらず、いつ覚えたということもなく、そのように思い、知ってしまっているのですから、訂正するのがたいへんなのです。実にやっかいな知恵です。その点でいろいろの「本能」も、この無明から生じるのです。

「無明」の無は、たんにないという意味と「無始《むし》」の意味を合わせ持っています。「無始」は、はじめがないということ。したがって、終わりもないということ。平たくいえば、「いつとはなしに、果てもなく」、別に教わらずとも、いつの間にか人間の根底に座を占めているので、「根本《こんぽん》無明」とも「盲目的本能」ともいわれます。

無明は、たしかに手に負えぬ力を持っていますが、朝から晩まで、年がら年中、無明がはたらいているとは限りません。ただときどき、顔をつき出す存在です。いいかえれば、やっかいではあるが、実在ではない、と無明をまず否定します。しかし、根本にあるのですから、それをなくそうとすると、そのあがきのために、かえって疲れてしまいます。「無明をなくそうとするよりも、そのはたらきを整頓する」のが、「無明も無《な》し」という般若の知恵に近づくことになります。

このところを、現代語訳には「（さとりもなければ）迷いもなく、（さとりがなくなることもなければ）迷いがなくなることもない」とあります。カッコの中の訳文は、わが国の法隆寺梵本《ぼんぽん》の写本などにあるので、参考に挿入されたものです。

人間の生命を〝快楽原理〟で説くフロイト

（さとりもなければ）とは、異様に聞こえますが、前にも申しましたように、そこに空観の極致《きょくち》があります。空観のギリギリは「ないがままにある・あるがままにない」と有・無に停滞しないのです。二律背反そのままに実体を見すえるのが空観――空の眼です。このことをくり返し説いているのが般若心経です。

こうした心経の考え方を、実生活の上にどうつかんだらよいか。さしあたり「無明はないがままにある。無明はあるがままにない」というのが、実体なのです。魔術的発言に聞こえますが、実はそのとおりです。

「無明は無し」――たしかに本来存在するなら、終日悩まされるが、必ずしもそうではない。実在ではない。しかし、ときどき執拗《しつよう》に顔を出して悩まされるから、あることになります。ないがままにあるのです。

さらに、その逆もまた成立します。つまり「根なし草」的存在です。

この「根なし草」を、完全に除草しようとすると疲れるだけです。根なし草の芽が出たときに一つずつ、つみとることです。無始無終ですから、次の年もまた芽が出ます。そのとき一つずつ除くのです。

無明はなくなるものでないから、整理整頓するのが、人生を豊かにする方法です。「整理された無明・整頓された無明」の状態が願わしいのです。すると「あるがままにない・ないがままにある」ということが、決して奇怪な言葉ではないことが理解されるでしょう。

「人のこの世に生まるるは、無明《むみょう》を因《もと》とし、父母を縁とせり」（『父母恩重経《ぶもおんじゅうきょう》』）、という教えがあります。無明は、「苦悩や不幸の根本原因」ですが、生殖本能のニュアンスも感じられます。しかし、それ以上に「因縁《いんねん》」の不思議が踏まえられているのです。

オーストリアの精神病理学者のフロイト（一九三九年没）は、人間の生命は「快楽原理に基づく男女の営み」によって生まれたといいます。ちょっと「無明」と似ているようですが、無明は快楽原理や本能以前に、どこかわからないところから、もくもくと湧きあがってくるとするところに、特異点があります。

快楽以前の〝因果律《いんがりつ》〟で考える釈尊《しゃくそん》

「無明を因とし、父母を縁」として、母の胎内に生命が宿されます。生物学者は、

「母の胎内に、新しい生命が宿されたときは、○・六ミリグラムの微細な受精卵である。それが、世間でいわれる十カ月間・二百八十日のうちに、三二五○グラムの重さに達する。体重は、五四○万倍に、身長も二三一二倍に成長する。

赤ん坊が、成人の日を迎えるまでには二十年かかる。この間に、体重は健康者ですら二十倍前後であることを思えば、母の胎内での成長率がいかに高いかがわかる。さらに、胎内十カ月の生活は、原始的動物から人類まで進化した発生系統を、生物の縮刷版のようにくり返す。だから、胎内の一日は、生物史の何万年間にもあたる」

と、「生物学的」に出生前の状態を明らかにしています。

これに比して、釈尊は人間を「生物進化史」としてでなく、独自の発想で語られるのです。

「はじめに無明があった。それは、人生苦の根源である。それは、時間的にも遠い遠い久遠《くおん》のはじまりのときからである。この無明が原因となっての、本能の営みが『行《ぎょう》』である。そして、そこに新しい生命が宿る」

と、精卵子結合以前のことまでを「因果律《いんがりつ》」で明らかにします。

釈尊によれば、新しい生命が、母の胎内で養われて、精神作用と身体が発育してゆくのを

「識」「名色《みょうしき》」といいます。そして、「五体六根」が完全に具《そな》わるのを「六入《ろくにゅう》」と名づけられます。つまり、母の胎内を、まさに離れようとするときです。

このように、母の胎内で育てられて成長してゆくのですから、出生前から年齢を数えるほうが、むしろ妥当ではないでしょうか。

かくて、赤ん坊は「無明を因とし、父母を縁として生まれ」出たのです。無明が因であるから、「父母を選ぶ自由のない子」と、「子を選ぶ自由のない親」との不思議な出会いとなるのです。

もしも、選ぶ自由があって親子となるなら、それは「契約に基づく行為」でしかありません。親子ともに選ぶ自由がないから、出会いの不思議に息《いき》をのみ、その不思議さに手をあわさずにはおられないのです。

近世の大宗教家の一人に数えられる浄土真宗の明烏敏《あけがらすはや》師は、両眼とも盲《めし》いておられましたが、また優れた歌人でもあります。この師の「十億の人に十億の母あれど　わが母にまさる母ありなんや」の一首を、私は愛誦《あいしょう》しています。十億の人の中から、この女《ひと》を母とする不思議な縁を凝視《ぎょうし》されています。

血が通っているからどうとか、血が通っていないからどうとかいうのではなく、出会いの不思議な縁を見つめ、縁に生き、縁に生きようとするところに、正しい愛情と感謝の念が生まれるのです。万葉歌人の山上憶良《やまのうえのおくら》の「銀《しろがね》も黄金《くがね》も玉も何せむに　まされる宝　子《こ》にしかめやも」の一首にしても、ただ「自分の子だから最上の宝だ」という小さなものではありません。不思議な因縁の出会いだから、宝なのです。

かくて、うぶ声をあげて地上に生まれた赤ん坊は、すくすくと育ってゆきます。そして、水に触《ふ》れたり、火にさわったりします。まだ熱い、冷たいという識別のない段階で、これを『触《そく》』と名づけられます。

そして、ものごとに触れているうちに、冷暖や、苦楽を感受する感覚がはたらくようになるのを『受《じゅ》』といいます。この『受』の感覚がはたらくにつれ、自分の欲するものに執着するにいたります。それを『愛』といいます。一たび、愛のこころが起きると、それを自分のものにしたくなる欲が起きるのが『取《しゅ》』で、古句が示す「両乳房　握るや欲の　初ざくら」がそれです。

なぜ、『取』があるかと、その因をたずねると、そこに何かが「ある」からです。「なぜ、山に登るのか」と問われた登山家が、「そこに、山があるからだ！」と答えたといいます。そこに山があるから登って征服したい、ということになるのです。それを『有《う》』といいます。

存在しているもの・あるものをわがものにしたいという『有』の観念は、人間が「生きている」(『生《せい》』)からです。生きている限り、衣食住を確保して、自分の所有にしなければなりません。ところが、生きていれば、とうぜん『老死《ろうし》』が訪れてくるのを拒《こば》みようはないのです(「病」は老死の中に含まれます)。

以上が「十二因縁」です。

(2) 老・病・死

〝すなおに老《お》い、病《や》み、死ぬ〟生き方

釈尊は、原因の『無明』から、結果の『老死』にいたるまで、このように思索されたのです。さらに、釈尊は結果の、『老死』から思考を起こして、『無明』に原因を求める逆の思考もされたのです。

つまり、『無明』を根本として『老死』の事実を知るとともに、現実の『老死』を実感して、その因を『無明』に求められたのです。

ところで『心経』は、この十二因縁を、ばっさりと空《くう》じるのです。それが、本文の、「無明もなく、また無明の尽くることもなし。乃至《ないし》、老も死もなく、また老と死の尽くることもなし」

です。はじめの『無明』と末尾の『老死』だけを空じて、中間の十箇の縁を「乃至」として省略してあります。十二因縁のすべてを空じてあることとは、文体で明らかです。

「無明もない、無明の尽きることもない」とは、すべてを空じつくした眼で実感すれば、

『無明』などないと否定し、さらに、このことをも否定して、「無明の尽きることもない」というのです。平たくいえば「迷いもなく、迷いがなくなることもない」となります。
それは、迷いが根こそぎ絶滅されるのではない。迷いがあるままに、その迷いに惑わされぬこころを掌握することです。無明という名の迷いは、あってもなくても邪魔にならないということです。

「乃至《ないし》無《む》老《ろう》死《し》　亦《やく》無《む》老《ろう》死《し》尽《じん》」　同じように、「老いも死もない、老いと死がなくなることもない」となります。しかし、私たちは、「生まれたら、必ず老い、そして死ぬ」という因果の鉄則から逃れられません。生・老・死を空ずるとは、この事実を否定するのではなく、「生・老・死の現実界に生きていながら、それらに、好き嫌いの感情で執着することなく、すなおに老い、すなおに病み、すなおにさよならをしてゆく生き方を手に入れること」です。

若さの美より、老いの美を……

生は前に記しました（4章）が、老・死の事実があっても、それに足を引っぱられなかったら、「あってもない」のと同じです。「老死があるままに、老死の感情に引っぱられず、老い、死んでゆく」のを「老死がないままに、老いて死んでゆく」といっても同じです。

しかし、このことは観念としては容易に持てても、さて実際となると、そう簡単にゆくものではありません。しかし、不可能ではないのです。どのような幸福でも、それにしがみついて動きがとれなくなると、しあわせどころか、みじめさいっぱいです。また、老・病・死といったような不幸に出会っても、それをすなおに受け入れている人を見ると、当人はもとより周囲の者もまた救われるのです。

アメリカの詩人、ホイットマン（一八一九～一八九二）は、印刷工から新聞記者となり、南北戦争では傷病兵の看護につとめるなど、苦難と複雑の一生を送りました。晩年もまた不幸でしたが、アメリカの代表的詩人で、彼の『草の葉』など、よく人によまれています。彼は、従来の形式にとらわれずに、自由と美しい自然のすがたをたたえた作品を多く書きました。自然だけでなく、暗い人生にも美しさを発見しています。

女《おみな》あり
二人ゆく

若きは　うるわし
老いたるは
なお　うるわし

若い人の麗《うるわ》しさはいうまでもない。しかし、老いたるほうが、なお美《うるわ》しい――と。

若さの美しいのは説明不要です。老いの美しいのは、肉体ではなく、「こころの美」でしょう。それも長い人生の労苦にあい、それにうちひしがれず、傷つかず、そのたびごとに自分を磨《みが》いてきた『丹精《たんせい》の美』だと思います。

茶器《ちやき》や花器《かき》は、買いたてよりも、古いほうが価値があります。しかし、キズがあったり、さびたりしては、価値も半減します。ただ、古いというだけではだめです。丹精に丹精を重ねてこそ、買いたての新品とは次元の違った美しさが具《そな》わるのです。

人生も同じです。生まれたら必ず老いるのです。いろいろのカド番《ばん》に出会い、そのつど、ひねくれぬように、卑屈《ひくつ》や自暴自棄《じぼうじき》にならぬように自分を大切に丹精して年齢を重ねましょう。そして、〝老いたるは　なおうるわし〟と理解できると、「老も死もなし」・「老と死がなくなることもない」との、心経のこころを、明確に実感できるでしょう。

武者小路実篤《むしゃのこうじさねあつ》さん（一九七六年没）は、九十一歳の長寿を保ち、『新らしき村』などを建設したユニークな作家です。氏が九十歳を迎えたとき、ある新聞記者がインタビューして氏に問います。

「先生は百歳まで生きてみたいとお思いになりますか」と。すると武者小路さんは「生きてみたいとは思わないが、生きられたら生きてもいいと思う。何歳まで生きたいっていう人がいるが、そういうことをいう気はしない。明日にも死ねば死ぬで仕方ないしね。死がこわいというのは――死がこわいっていう間は、まだ生きることを天が望んでいるといってもいいのでね。だから死がこわいので、自分が勝手にこわがるわけじゃない」と答えています。

武者小路実篤さんのような老や死への考え方をよく味わうと、さらに心経の説く「老も死もなし」がよく理解されるでしょう。

快楽追求の行為にこそ苦のしるし

「無苦集滅道《むくしゅうめつどう》」心経は、さらに「苦《く》も集《しゅう》も滅《めつ》も道《どう》もなく、智もなく、また、得《とく》もなし、得《う》る所なきを以《もっ》ての故《ゆえ》に」と、あいかわらず「なし、なし」がつづきます。

この「苦《く》・集《しゅう》・滅《めつ》・道《どう》」を四つの真理『四諦《したい》』といって、釈尊の教えの根本です。「諦《たい》」

は、原語の梵語「サテイヤ」の訳語で、「真理」の意味です。訳語の諦は、あきらめとも読むので、いわゆる、思い切る・断念することだと誤解されがちです。実は、諦とは、他動詞の「明《あき》らむ」の下二段活用です。つまり、心を明るく楽しくする・明らかに見究《きわ》める・事情などをはっきりさせることで、いわゆるあきらめではないのです。

こうした思索過程をへての「断念」でなければならないのに、ともすると私たちは、その間を飛躍してしまうから、人生の認識を誤ってしまうのです。

第一の『苦諦《くたい》』とは、この世は苦であるとの真理。第二の『集諦《じったい》』は、苦の原因は、無常と人間が選《え》り好みや身勝手の執着《しゅうじゃく》にあるとの真理。第三の『滅諦《めったい》』は、無常と執着を超えることが、苦を滅したさとりの世界であるとの真理。第四の『道諦《どうたい》』は、この滅諦に達するには、八つの正しい道（八正道《はっしょうどう》）を修行するとの真理です。

前に、釈尊がさとりを開かれたとき、二百キロの道を、七日間歩きづめに歩いて、鹿野苑《ろくやおん》にいる五人の友に教えを伝えたと記しましたが（144ページ）、それが、釈尊の最初の伝道であり、処女説法（初転法輪《しょてんぼうりん》という）です。そのときの説法の内容が、この四諦です。以後、釈尊は、お亡くなりになるまでの五十年間、説きつづけられたのも、またこの四諦なのです。

第一に、ずばりと「人生は苦だ」それが真理であることを知れ、といわれると抵抗を感じるでしょう。

たしかに現代の表面には、苦のカケラなど見たくとも見られません。レジャーを楽しみ、衣食住は満たされているので、「人生は楽なり」と笑いがとまらないかもしれません。

しかし、快楽を追求せずにはおられない、何かに追いかけられているやるせなさも、正直なところ否定できないでしょう。苦の事実を思い出さぬように、ごまかそうとするあがきともいえそうです。表面が華やかに、騒々しくなればなるほど、皮肉にも「人生は苦」であることを証明しているのです。人生の苦は、まず「生まれる」ことからはじまるという見方が、仏教でなくてもあるようです。『生まれざりせば』という題の誰かの小説もあるくらいです。生まれた者は、必ず老い・病み・死ぬという鉄則はどうにもなりません。生が因で、老・病・死が果です。

今日の死者は、明日の私のすがた

私が、まだ早稲田大学に在学中のことです。故秩父宮《ちちぶのみや》殿下が、早大のグラウンドに新設された「高石勝男《たかいしかつお》選手の早大記念プール」の開場式に、臨席されたことがあります。当時は、

〝スポーツの宮さま〟と、国民、とくに青年たちから親しまれた方でしたので、この日も特別の警戒はなかったようです。

早大附属の第一高等学院のトイレで、私が用をたしていると、宮さまは、つかつかと入ってこられて、私のそばに立たれました。そして、大きく身ぶるいしながら、いとも気さくに

「ワセダって、寒いところだなあ！」

とおっしゃった一言が、今でも耳に残っています。

それから何年かの後に、秩父宮がご重体の旨《むね》を新聞で知りました。たしか、呼吸器病だったと思います。当時は、この病気は不治に近かったので、国民は、ひとしくご案じ申しあげました。ある日の新聞に、秩父宮の病中での短歌が幾つか発表されました。その中の、

まよわじと　誓いしこころ　ゆらぐなり　たちあがる日の　あてもなければ

の一首が、私の胸にしみわたりました。早大でお目にかかったときの、りんりんとした、まっ黒に陽やけされた、堂々として、しかも気品のある宮さまのお姿に接しただけに、病気にやつれたお姿はとても想像できません。〝ワセダって寒いところだなあ〟と、いたずらっ

ぽく首をすくめられた宮さまが、このように弱々しい歌をお作りになろうとは信じられませんでした。

この病気にかかった以上、再起の日はまったく予想できぬ。迷ってはならぬと誓った心も、あわれにも揺《ゆ》らぎどおしだ、と述懐されるのです。ほんとうに痛ましいことです。

釈尊がまだ出家される以前、シッダッタ王子と呼ばれていたときです。一日、従者をつれて城外へ出られたとき、葬式の列に出会います。シッダッタは従者に、「あれは何か？」と聞かれるので、従者はありのままに「死者を葬《とむら》うのです」と答えます。また、彼は次々に問うシッダッタに対して、人間の最後は、誰でもあのすがたになること、そして例外のないことを答えるのです。

ここで留意しなければならないのは、質問に二形式があることです。一つは知らないから聞く場合で、子が親に、生徒が先生に聞くのがこの例です。いま一つは、質問者のほうが解答者よりも正確に知っているが、その点を確認させるために、あえて質問する場合です。先生が生徒に、親が子に質問するのがそれです。

シッダッタの質問は、第二の類型です。「人間は例外なく死ぬ。私も、いつかはみなと別れのときがある。お前もその一人であることを確認するがいい。あの葬列の中心人物の死者は、私とお前とのいつの日かのすがたにほかならないのだ」という意味です。

「死神と競争で仕事をする」——鈴木大拙《すずきだいせつ》

釈尊は、機会あるごとに「老とは何か、病とは何か、死とは何か」と質問します。そして人生の真実を凝視しようとするのですが、それに対する答えはきわめて常識的・定義的で、その中には少しの〝驚き〟も〝痛み〟もありません。人生への無関心にシッダッタは、不満でした。

その柩《ひつぎ》は、
どこへ行くのですか？
——火葬場へ。
それから、どこへゆくのですか？
——お墓へ。
それから、どこへゆくのですか？
——知りません。

川路柳虹《かわじりゅうこう》の「柩《ひつぎ》」という詩です。私たちも同じく葬儀に出会います。昔と違って華麗《かれい》な霊柩車《れいきゅう》ですが、とかく、自分と関係のないという顔をします。老・病をふくめて、ここに「苦」がひそんでいるのです。

親しき者と死別するとき、世の無常を感じて「苦」を味わいます。いわば人生の第一次否定です。他人の死の場合は、自分と関係なしと思って平気です。自分もいつかは、その中の一人になるという〝自覚症状〟がない。自覚のない病気は、必ず「命とり」となります。自覚のない心は「無明」の苦しみとなります。しかし、いつまでも知らずにすませられるものではありません。いつかは思い知らされるのです。

死は、人生の終着駅です。いやでも行き着かねばならない駅です。到着して降ろされるとき、はて、ここへ来た目的は何であったかと、あわてて考えるようではあまりにもおそまつです。

人生を無常と感じる第一次否定は大切です。しかし、そこにとどまっているかぎり、私たちの人生は展開できません。どうしても第二次の否定が必要です。鈴木大拙先生は「わしは、死神と競争で仕事をする」といわれました。このように、いつどうなるかわからないわが生命をいとおしみ、大切にして一分一秒でも充実した生活をするのが、第二次レンズで眺めた人生です。

心経は、さらにそれを空《くう》じます。平たくいえば、般若の知恵です。「老いも死もなく、老いと死がなくなることもない」というのです。老・死が、厳然として存在するこの人生にあって、なお老死にまどわされぬこころにめざめて、因縁の法則のままに、老い・死んでゆくのです。

なぜ〝永生き〟に執着するのか？

さて、次は『集諦《じったい》』です。老・病・死が嫌いなら生まれなければいいのだ、というのが、「生まれざりせば」の言葉の持つ語感のようです。老・病・死の三苦の原因が「生」だと、表面的に考えると、どうしてもそうなります。

しかし、釈尊はさらに深くえぐって、苦の因を遠く「無明」に発見されました（213ページ）。また、「生まれなかったら」というような考え方を否定されるのです。

誰でも、自分の一生の間には、苦しみもあるし楽しいこともあります。入学試験は苦しいが、気のあった友との旅行は楽しいものです。人生は苦だとか、一切は苦だとかいわれても、私たちはちょっととまどいます。

釈尊は、たしかに「人生は苦」だと申されます。しかし、一生のすべてが苦だといわれるのではないのです。苦楽の一方に偏して「人生は苦だ」「いや楽だ」と思いこむことが、「苦なり」と説かれるのです。「生まれざりせば」という偏向《へんこう》的な考え方が、苦だといわれるのです。

釈尊が「一切は苦なり」といわれたのに間違いはありません。しかし、一切とはすべてのということではなく、偏向的な考え方をするなら、楽も苦になり、苦はいよいよ苦になるということです。つまり、偏向的な考え方が、すべて「苦の原因だ」ということになります。

いままで、たびたび「苦」という言葉を用いましたが、私たちは私たちなりに苦の内容を改めて考えましょう。まず第一に、自分の思うようにならない「焦燥感」です。予期したように仕事が進まないとき苦痛を感じます。こちらが思っているほどに他者は感じてくれないときなど、特に苦痛を感じます。

第二に、一寸先がどうなるかわからぬ「不安感」です。〝一寸先は闇《やみ》だ〟といいますが、いつ交通事故に遭《あ》うかもしれない。私も、ときには飛行機に乗りますが、何かのはずみに、急に機体に故障が起きたら、と考えると何ともいえぬ不安を感じます。その不安は、死の幻影となって私を苦しめます。これを煮つめると、どうも自分中心に考えて行動したり、自分の命を少しでも延ばしたいとしがみつくところに苦感が生まれてくるようです。

〝煩悩《ぼんのう》〟あってこそ、さとりがある

釈尊は、この点を十二因縁（208ページ）で明らかにされるのです。つまり、無明から生まれた私たちが、心身の成長とともに、愛《あい》・取《しゅ》・有《う》と、物質的にも精神的にも雪だるまのように、外部から身にまといつける上にもまといつけて、気ままな自我を形成したのです。それが苦の原因であると明らかに感得する真理が、この第二の『集諦《じったい》』です。

原因がわかれば、その処理法を講ずることができます。その真理を明らかにするのが第三の『滅諦《めったい》』です。

滅というと、私たちは「滅《ほろ》び」と直観しやすいのです。しかし、本来の意味は「さとりを得て、生死《しょうじ》の苦を超越すること」です。ゆえに、玄奘《げんじょう》の「滅」の訳語には「制する」の語感があると仏教学者はいっています。無明から生まれた私たちは、生きているかぎりいろいろと悩み苦しみます。それは事実なのです。

あるとき、私を訪ねた紳士らしい男が得意になって申しました。

「松原さん、私は三十年来、坐禅をしたので煩悩《ぼんのう》（心身を悩ませ、かきみだし、煩《わずら》わさせ、迷わせ、汚す精神作用）が、すっかりなくなりました」と胸を張っています。こういうのを『禅天魔《ぜんてんま》（禅を聞きかじっただけで、まちがった方向へ暴走して、正しい禅観を傷つける悪魔的存在）』といいます。私は、「ああ、そうですか」と聞き流そうとすると、彼は私に食いついてはなさないのです。

「松原さん、何とかいってくれたらどうだ？」と、いよいよ正体を見せました。きっと、『私にはできないことで恐れいりました。おみごとです』といったような言葉を、期待していたのでしょう。しかし私は、彼に弔《とむら》いのあいさつをしました。

「それは、まことにご愁傷《しゅうしょう》なことです」

彼は、もちろん怒って、理由をいえと、私にせまります。私は、やむなく、

「煩悩あってこそ、さとりがあるのです。煩悩は、さとりの資本です。あなたは、その資本をなくしたといわれる。お気の毒です。また、人間は生きているかぎり煩悩はなくなりません。それがなくなるときは、人間が死んだときです。だから、お悔みを申しあげたのです」

皮肉をいったのではありませんから、彼は快く了解しました。そして、手を握りあいながら二人は笑いました。

煩悩を制止しつづけてゆく願いが「滅」の訳字にニュアンスとしてあるのです。そして、この願いを訓練によって身につけよう、そして人間がほんとうの意味でしあわせになる実践の真理が、第四の『道諦《どうたい》』です。

満タンの知識は飼育された鵜《う》と同じ

道諦は『八正道《はっしょうどう》』といわれる八種の実践徳目の一つです。ここでいう『正道《しょうどう》』は『中道』と同意語です。

中道とは、たんなる「ほどほどに」とか、「加えて二で割る」というような、安易な意味ではありません。中道は、〝道に中《あた》ること〟です。道理に一致しあわなければなりません。仏教でいう道理とは、因縁です。因縁の理に従うのが中道です。因縁の理を明らめるのが正道です。因縁の法に従い、因縁の理にめざめれば、自然に執着心《しゅうじゃくしん》も解消するし、極端に走るわけもありません。

このように、仏教にあっては、正邪を判定する基準を「因果の理」におきます。この理にあうものは正道であり、善であり、そうでないものは邪道であり、悪です。因果の軌道に乗せて生きれば、執着心の起こりようはなく、執着の囚《とりこ》とならないところに〝大きくて深い自由〟が得られます。この自由を得て、はじめてバランスのとれた心身が育ち、現実をすなおに凝視できる知恵が得られます。

さて、その八正道とは、正見《しょうけん》（正しく前記の四諦の道理を見る）・正思《しょうし》（正しく四諦の道理を思惟《しい》する）・正語《しょうご》（真実の言葉で語る）・正業《しょうごう》（正しい行為）・正命《しょうみょう》（正しい生活）・正精進《しょうしょうじん》（正しい努力）・正念《しょうねん》（正しい道を念ずる）・正定《しょうじょう》（正しい精神の集中とその安定）です。

かくて、釈尊の説法は「中道」を「八正道」として、八ツ手の葉のように個々に展開されます。しかし、それぞれ独立しているとともに、その基点にあっては、それぞれ一つが他の七つを包含しているのです。これを「互具《ごぐ》（互いに持ちあう）」といいます。

「中道」とは、決して「ほどのよさ」というような甘い考え方でないと申しましたが、この「八正道」で見られるような厳しい実践によって批判するのです。また、その基準が因縁法にあるのは申すまでもありません。

般若心経は、この八正道も「なし」と空ずるのです。それは八正道を実践することを誇りとしたり奢ってはならぬ、というのです。

「無智亦無得《むちやくむとく》」「智もなく、また、得もなし」私たち現代人は、情報化時代を生きているために種々雑多の知識を吸収しすぎています。満タンの知識は口先ばかりをなめらかにして、身体にとけこんでいません。飼育された鵜《う》が捕えたアユを見せびらかしますが、腹の中は空《から》っぽなのです。知ることだけの世界にとどまることに、何の不満も不思議も感じなくなっています。

知識以外の知恵の存在、般若《はんにゃ》

ある若い女子大学生が、「人は知る（to know）にとどまっていてはいけない。成る（to be）に移らねばならない、と教えられて感激しました」といっていましたが、生老病死の四諦や前記の八正道を、ただ知るだけでなく、それを「空《くう》じ」ないと、生にもなりきれず、死にもなりきれないでしょう。観念遊戯を空じないと、ほんとうの知恵は得られないのです。四諦や八正道を知ったという執着をすてて、四諦や八正道の真義を生かすために「苦も集も滅も道も無し」と否定の形で示しているのです。

どのように立派な教えでも、それにしがみついて離れないときは、この執着ゆえに誤りを犯すのです。たとえば、わが宗教や宗派だけが最上だと誇って、他の宗教や宗派をけなすのもその一例です。信心にふけって自分の職務を怠ったり、家庭をおろそかにするのもそうです。それだけではありません。教えに執着すると、ついにはその教義さえも誤解するにいたります。このおそろしい執着を解くためには「空《くう》ずる」般若の知恵を身につけなければならないのです。空ずるから、自由の大きなはたらきができるのです。空ずるから、いつも新鮮なのです。

それなら、いったい般若の知恵とは、具体的にいうと、どういう形や色をしているのであろうか、それを得た人は、後光《ごこう》でもさすのであろうか——と想像したくなります。

しかし、もしもそのようなものがあったら、もちろんそれは般若の知恵ではありません。また、そんな考え方にふけったら、般若の知恵は得られません。私たちの知識外の存在ですから「智もなし」と心経はダメをおしているではありませんか。

智もなし——無智とは、実は大智《たいち》のことです。私たちは、いろいろ知っているようですが、きわめて雑然とした内容です。特に、自分中心にまとめあげた対立的知識を、一度は根こそぎ取り除いて、いわゆる「無内容」にしないと自我は消えません。無内容は、また虚心《きょしん》坦懐《たんかい》（何のわだかまりもなく、さっぱりして広く平らかなこころ）といってもいいのです。それが「智もなし」というところで、そこから大智が生まれるのです。

また、自我心を取り除き、利己心の根を抜けば、損はもちろんのこと、何の得《とく》もあるわけはないでしょう。「得なし」といわれるゆえんです。

7章・恐怖心と平安な心

——苦しい人生を楽しくするには

以無所得故《いむしょとくこ》　菩提薩埵《ぼだいさった》　依般若波羅蜜《えはんにゃはらみっ》
多故《たこ》　心無罣礙《しんむけいげ》　無罣礙故《むけいげこ》　無有恐怖《むうくふ》
遠離《おんり》（一切《いっさい》）顛倒夢想《てんどうむそう》　究竟涅槃《くきょうねはん》

得る所なきを以《もっ》ての故《ゆえ》に菩提薩埵《ぼだいさった》は、般若波羅蜜多《はんにゃはらみった》に依《よ》るが故に心に罣礙《けいげ》なし。罣礙《けいげ》なきが故に恐怖《きょうふ》あることなく（一切の）顛倒夢想《てんどうむそう》を遠離《おんり》して涅槃《ねはん》を究竟《くきょう》す。

得るということがないから、諸々《もろもろ》の求道者の知恵の完成に安《やす》んじて、人は心を覆《おお》われることなく住している。心を覆うものがないから、恐れがなく、顛倒《てんどう》した心を遠く離れて、永遠の平安に入っているのである。

「諸行無常《しょぎょうむじょう》」とはingの世界観

「以無所得故《いむしょとくこ》　菩提薩埵《ぼだいさつた》」　ここの一節は、むかしから二通りの段落《だんらく》（文章のくぎり）のつけ方があります。それは、冒頭の漢訳文「無所得を以《もっ》ての故《ゆえ》に（以無所得故）」を前節につけて「智もなく、また得もなし、無所得を以ての故に」とするか、あるいは後節につけて「無所得を以ての故に、菩提薩埵」とするかです。私は、後のほうを取ります。白隠禅師《はくいんぜんじ》もそうでありましたが、このほうが文脈がはっきりするからです。ところで「得る所なきを以ての故に」というと税務署に課税減額の請求をするように思われるかもしれません。また金もうけに目の色を変えている現代人は鼻もひっかけないかもしれません。

心経は、前段で「智もなく得もなし」と知識と財産の欄で「無」の申告をしますが、最後の集計になると「得る所なきを以ての故に菩提薩埵《ぼだいさつた》」という大きな「有所得」の印がポンと押されるのです。そこに、税務署と信心の世界との差があるようです。

菩提薩埵というと、たいへんむつかしく感じますが、字解きをすれば、私たち人間の理想像です。梵語のボーディサットヴァの音訳で、さらに略して「菩薩」とも申します。さとりを求める人・求道者《ぐどうしゃ》のことです。先にも述べた至道無難禅師（64ページ）は、「菩提薩埵」の注に「この道を行く人、ただいまもこの名なり」と示されています。奈良の薬師寺《やくしじ》の高田《たかだ》好胤《こういん》管長さんも「永遠なるものを求めて、永遠に努力する人を菩薩という」と解明されます。

「依《え》般若波羅蜜多故《はんにゃはらみったこ》」　何もかも空《くう》じつくして、自分のものは何一つない、何一つないということもない、自分もない、ない自分というものもない――この無所得の意味が、正しくわかるのが般若の知恵です。いや、その知恵を得たという自覚さえないのが「般若波羅蜜多《はんにゃはらみった》に依るが故に」であります。

空《くう》ずるということは、どこにもとどまらないといってもいいのです。すべて、とどまると機能は停止してしまいます。高速道路でも車両が渋滞すると、その機能はぐっと低下します。

大空を飛ぶ飛行機が停止したら墜落せざるを得ません。知識があるというところにもとどまるな、無いというところにもとどまるな、とどまらないという心にもとどまるな――と次から次へと停滞しないように進んで行くのが般若の知恵です。

もともと、すべては移り変わってゆくのです。それを「諸行無常《しょぎょうむじょう》」といいます。諸行無常というと、たいへん淋しい語感を持っているので、現代のすぐれた中国文学の研究家・吉川幸次郎先生は、「推移《すいい》（うつりかわること）を悲哀とよぶ感情」といっておられます。

私は、（諸行）無常観を、「現在進行形の世界観」とうけとります。英語では、動詞の語尾に"ing"をつけて、現在進行形を表わします。

つまり推移を示しているのです。そのように"ing"をそなえた眼で見るのです。すると停《とど》まっているものは何もありません。この道理がほんとうにわかると、執着することの無意味がよくわかってきます。

しかし、そこに腰かけていてはいけないのです。無常観に渋滞していると、人間は虚無的になります。立ちあがって進まなければいけないのです。"ing"を忘れてはいけないのです。

子にわびる親でありたい

「心無罣礙《しんむけいげ》」すると「心に罣礙《けいげ》なし」という、こころの風光が感じられます。「罣」「礙」は、ともに〈さえぎる・さまたげる〉の意味で、心経の現代語訳には「覆《おお》われることなく」とあります。さらに平明に「こだわりがない」といってもよろしいでしょう。

こだわりがないから怖《こわ》いことがない――罣礙なきが故《ゆえ》に、恐怖あることなし――と心経にあるゆえんです。

「**無罣礙故《むけいげこ》　無有恐怖《むうくふ》**」それについて、私は手痛い教えを、自分の子どもから教えられたのです。

今は、岐阜《ぎふ》県瑞浪《みずなみ》市の大通寺《だいつうじ》という寺に嫁《とつ》いで、すでに三児の母になっている長女の美子《よしこ》が、まだ小学校の一年生のころだったと思います。夏の暑い日、家族とともに食事をしていた私は、手に持っていたコップを落としました。コップは食卓にあたって割れ、水が畳の上にポタポタこぼれます。私は側《そば》にいた美子に、早くぞうきんを持ってくるように命じたのですが、少しも立つ気配がありません。短気な私は思わず、大声で美子を叱りました。

すると、彼女はひとりごとのように「わたしも早く大人になりたいわ。大人っていいわね、あやまらなくともいいんだもの！」とつぶやくではありませんか。

私は、それこそ頭から水をかけられた思いで、平静さをとりもどして、「美《よ》っちゃんごめんね、ぞうきんを取ってちょうだい」と静かにいいますと、美子は「はい」という返事とともに立ちあがって、ぞうきんを取ってきてくれました。

さきほどまで、私は「父」の権威にかかずらっていたのです。「父」にこだわっていたから、いわずもがなの叱言《こごと》も飛び出したのです。過ちがあったら、こだわりを捨てて子にわびる親にならなければならぬ。それが、まことの親の慈悲である、とわが子の美子に教えられたのです。

美子とて、父の私を教えようなどとは思っていなかったでしょう。すると、美子の言葉は彼女のことばであるとともに、そういわさずにはおかない大いなる願いが彼女にはたらきかけたのに違いありません。それは、美子を外から包むとともに、彼女の中にも滲透《しんとう》して内在する「超越的無意識」（63ページ）が、私に呼びかけたのだと思いました。

それからは、美子の兄妹たちは過ちをしても、私が言う前に、すすんで「ごめんなさい」とわびるようになりました。おそらく、子どもらは心中で、親でも失敗をすれば私たちにもあやまるのだから——という親近感と信頼感がわいてきたのでしょう。

このことは、私からいえば、私が「親」にこだわらなくなったら、私だけでなく、子どもらもまた「恐怖心がなくなった」のです。

私は、子どもから教えられたのです。「すなおに親にわびる子どもを育てたいのなら、親も過失をしたとき、すぐ子どもにわびることである」と。

それがそのまま般若の知恵であるとは申しません。ただ、自分よりも弱き者にもわびる心を直心《じきしん》とも柔軟心《にゅうなんしん》ともいいます。このこころは、さんげ（懺悔）から生まれるとともに、般若の知恵のおかげであり、恵みであると申したいのです。

自分のものは何ひとつない、という知恵

「遠離《おんり》（一切《いっさい》）顛倒夢想《てんどうむそう》」　つぎに、この般若の知恵は、また「一切の顛倒夢想《てんどうむそう》を遠離《おんり》する」とあります。顛倒とは「気も顛倒《てんとう》して……」などと今でもよく使います。つまり、〈ひっくり返ること・さかしまになること・うろたえさわぐこと〉と辞典は教えてくれます。

しかし、本来は仏教語で「道理をそのとおりに見ず、さかさまに間違えて見ること・真理に違《たが》うこと」です。ここでは、もちろん、この意味で使われています。

仏教の行事の一つの「お盆《ぼん》」は、みなさまにもなじみ深いと思いますが、この「お盆《ぼん》」の原語は、梵語ウランバナです。それを中国で「盂蘭盆那《うらぼんな》」と音写し、さらに略して「盆《ぼん》」となったのです（盆の漢字に意味はありません）。このウランバナの訳は、「倒懸《とうけん》」で、倒《さか》さにつるされるような烈《はげ》しい苦しみをいうのです。つまり「顛倒の苦しみ」のことです。

昔噺《むかしばなし》のカチカチ山の狸《たぬき》のように、頭を下に、足を上にしてつりさげられたらどんなにか苦しいでしょう。肉体が味わう苦痛以上に精神的にも苦しい。「倒懸」は、そのまま「倒見」を象徴するのです。「倒見《とうけん》」は真理に対する「さかしまの人生観・さかしまの世界観」です。

たとえば、「人生は苦」であるのに、楽しい世界だと考えたり、「生まれたものは必ず亡びのときがある」のに、いつまでも生きつづけたいと考えたりするのが、倒見であり、顚倒なのです。

倒見に対するのが、前にあげた八正道の第一の「正見」(233ページ)です。そのとき「正しく四諦《たい》の道理を見ること」と申しましたが、平たくいえば、「倒見」の位置からでなく、「眼をあけて正しく見よ」ということです。

正しく真理を見よ——と、八正道が「見る」を第一に置いてあるところに、般若の知恵の大切なことが知らされます。私たちは、真理をさかしまに、無常の世の中にありながら、永遠なものを求めようとするから悩むのです。そのもとを糺《ただ》せば、みな自分がかわいいからで、この無理な要求を心に描くのが「夢想《むそう》」です。

ところが、道を求めている菩薩は、「所得なきを以ての故に」で、自分が得をしようとか、いい目に会おうなどという心がない、自分のものは何一つない、わが生命すら自分のものでないという、般若の知恵をさとったから、罣礙《けいげ》(障《さわ》り)がない、障りがないから、怖いものがないのです(「一切」は梵文原典にはないが、漢訳に挿入されているので一般には読誦されている)。

同じ被写体でも角度を変えて写せば……

「究竟《くきょう》涅槃《ねはん》」　菩薩（真理を求める人）は、すべての倒見や無理な要求を持ちません。苦や無常の中で暮らしながら、楽土を発見し、永遠のいのちにめざめているのです。そして、無上（究竟《くきょう》）の涅槃《ねはん》、つまり、最後の理想を体験するのです。それが究竟涅槃——涅槃を究竟することです。

涅槃《ねはん》（泥洹《ないおん》とも）は、ニルヴァーナの音写で、すべての迷いを脱した、平安なこころの状態をさします。

無所得のおもいとは、自分のものは何一つない、やさしくいえば、すべては神仏からの与《あずか》りものだと気づくことです。たとい、他人のものを盗まなくても、かりそめにも、これは「自分のものだ」と思った瞬間に、その人は盗みを犯している、と仏教では判定します。反対に、自分のものは何一つないとの無所得のこころを自覚した人は、そのまま、その場で無上涅槃の真理を諦《あきら》めた般若の菩薩とたたえられます。

涅槃《ねはん》は、こころの平安な境地ですから、苦のままでしあわせを楽しむことができるのです。古人は、「平生《へいぜい》を慶快《けいかい》にする」といっています。苦しい人生が楽しくなるのです。ある仏教保育の先生は「泥洹《ないおん》とは心に喜びを感じていく世界、幸せを幸せとして受けとめていく世界なのです」と平易に語ります。

心経に登場する菩薩は、観音さまです。しかし、観音さまという特殊の人格でなく、実は私たちの本来のすがたであると申したことを思い出してください。あなたにも私にも、みな胸の中に「観音さま」が宿っているのです。

私は、かつて陶芸家の河井寛次郎《かわいかんじろう》氏と徳川夢声《とくがわむせい》氏との対話を読んだことがありますが、その対話の内容が、すこぶる濃縮度の高いもので、今でも忘れられません。

まず、夢声氏が河井氏に声をかけます。

「あなたは、陶芸家としても、第一人者だが、カメラマンとしても立派な作品がいくつもある。カメラに対して何か秘訣があるようですね」すると、河井氏は、こともなげに、

「いや、今は、カメラも精巧を極めていますね。光度も距離も自動的に計ってくれるから誰でもとれるのです。しかし、最後はカメラの構え方、カメラの角度ですね。同じ被写体でも、角度のよしあしで画面がグンと違ってきます……」と。

『なるほど』と私はうなりました。そのときは、もうカメラの話であってカメラの話ではないと思ったのです。私たちの心のカメラの角度や構え方、つまりアングルが悪いと、被写体のよい面を、つまり他者の美点を見ることができないのです。欠点ばかり見えてしまうので

涅槃《ねはん》はすべての迷いを脱した、平安なこころの状態

（釈迦涅槃図・金剛峯寺蔵）

す。

自分自身にからみつき、主義主張に縛られていると、心のカメラを自由に操作できなくなります。それらの障害を除いたとき、自分の周囲に美しいものを眺めることができます。私たちに敵意を持っている人の中にも、善なるものを見ることができます。私たちが苦しんでいる現実の中にも、しあわせを写すことができます。それが般若の知恵です。また、そのように尊いのが般若の知恵です。

8章・迷いと目ざめ

——般若の知恵にも、とどまってはいけない

三世《さんぜ》諸仏《しょぶつ》　依《え》般若《はんにゃ》波羅《はら》蜜多《みった》故《こ》　得《とく》阿耨《あのく》多羅《たら》三《さん》藐《みゃく》三《さん》菩提《ぼだい》

三世諸仏も般若波羅蜜多に依《よ》るが故《ゆえ》に、阿耨《あのく》多羅《たら》三《さん》藐《みゃく》三《さん》菩提《ぼだい》を得たまえり。

過去・現在・未来の三世《さんぜ》にいます目ざめた人びとは、すべて、知恵の完成に安んじて、この上ない正しい目ざめを覚《さと》り得られた。

削《けず》って、削って、削りとった後に……

明治の中ごろ、鎌倉《かまくら》の円覚寺《えんがくじ》の管長になった今北洪川《いまきたこうせん》という名僧があります。もとは儒者ですが、感ずるところあって禅僧となりました。

あるとき、洪川和尚《おしょう》に「禅の修行をしたら、どんな得《とく》がありますか」と質問した人がありますす。和尚は「得は一つもない、禅は、日々に損して、日々に損をする」と答えています。修行は学問と違い、毎日損をして削《けず》った上にも削って、もう削るところがない、それをも削りとってしまうのです。削ったというところにも停止しないのです。これが前章の「無所得」です。

「三世諸仏《さんぜしょぶつ》　依般若波羅蜜多故《えはんにゃはらみったこ》」　この「無所得」は、本章にも脈絡《みゃくらく》があります。無所得であるから「三世《さんぜ》の諸仏」がましますのです。三世とは現在・過去・未来で、永遠なる時《とき》の流れです。同時に「十方《じっぽう》」を指向しています。十方は東西南北の四方に、東南・東北・西南・西北の四維《しい》と、上・下の二方をあわせたものです。つまり、涯《はて》しなき空間です。三世十方の諸仏とは、永遠なる時間と無限の空間に在《おわ》す諸仏、すなわちあらゆる真理のことです。この三世十方の諸仏とは、具体的に誰と誰のことをいうのでしょうか。特定のエリート族でもなければ、スーパーマンでもありません。お互いの、この私たちのことです。私たちが、あらゆるものを削《けず》りとり、削りとったことも削りとり、無所得の般若の空《くう》なる知恵を身につけたときの、私たちの状態です。「依般若波羅蜜多故」については前章で述べたとおりです。

「得《とく》阿《あ》耨《のく》多《た》羅《ら》三《さん》藐《みゃく》三《さん》菩《ぼ》提《だい》」

心経では阿《あ》耨《のく》多《た》羅《ら》三《さん》藐《みゃく》三《さん》菩《ぼ》提《だい》を得たまえりと、聞きなれない、むつかしい字がならんでいます。

般若の知恵を体得しても万事ＯＫではない

しかし、先に紹介した『梁塵《りょうじん》秘抄《ひしょう》』（67ページ）二百八十二番に「観音、勢至《せいし》の遣《や》り水《みず》（庭園や境内などに水を引きいれて流れるようにしたもの）は、あのこたら（阿耨多羅）とぞ ながれいづる　ながれたる……」と水音に見たててうたっています。

また、伝教《でんぎょう》大師（最澄《さいちょう》）が二十二歳の若さで比叡山《ひえいざん》の中堂建立《ちゅうどうこんりゅう》に当たり、仏の加護を祈る情熱をこめて詠じた「あのくたら三《さ》みゃく三《さ》ぼうぢのほとけたち　わがたつそまに冥加《めが》あらせたまえ」（『新古今集』所載）の一首は、有名です。

阿耨多羅三藐三菩提は、梵語《ぼんご》のアヌッタラーサンミャクサンボーディの音写で、略して阿《あ》耨三菩提《のくさんぼだい》・阿耨菩提《あのくぼだい》・無上正等《むじょうしょうとう》（正《しょう》）覚《かく》と訳します。意味は、ほとけのさとりの知恵は「かぎりなくすぐれ、正しく、普遍である」ということです。この無上・正等ということは、次章に出てくるので、そのときにお話しいたします。

心経の一節は短いのですが、重大な発言をされているのです。「般若の知恵のおかげで、無上のほとけのこころ・ほとけのいのちは万人の胸に宿っていることをさとった」ということです。般若の知恵が体得されたら、それで万事は解決したというのではないのです。般若の知恵にもとどまってはいけない、というのです。

人間とは〝覚存《かくぞん》的存在〟である

人間は、実存的存在（現実的な存在）であるとともに覚存《かくぞん》的存在（現実は迷っていても、やがてはめざめるべき本質を持っている存在）であることを学ばなければなりません。

覚存的存在を宝石にたとえるなら、まだ磨かれていない素材の宝石のような状態にあたります。しかし、それらの素材は、磨けば明玉になることが約束されているのです。素材の宝石とは人間の心の中に埋《うず》みこまれた仏性《ぶっしょう》（仏となるべき可能性）を示唆します。人間は、だれもが仏（完成された人間）となりうるこころを持っているので、怠りなく励むなら、それぞれ人間性を間違いなく完成させることが可能なのです。

しかし素材の宝石を磨きあげて明玉にしたら、それで目的を達したかといえば、そうではありません。完成に止まってはならない、完成をさらに否定し（空じて）、永遠に現在進行形で宝石を磨きつづけよ、というのが、心経のこころです。

古人は「白珪《はっけい》なお磨くべし」と励まします。白珪は白い清らかな玉です。白珪でもなお磨きつづけよう、完成の域にも止まってはならぬ、さらに進歩に励もうとするのが、上の無《な》い上――無上をめざす努力です。それを「白珪なお磨くべし」というのです。

完成の域にも止まることなく、さらに進歩を目指すためには、まず達成したと思われる完全な状態を一度否定し、抹殺しなければなりません。ここで思い出すのが、日光東照宮《にっこうとうしょうぐう》の陽明門《ようめいもん》です。

陽明門は〝日暮門《ひぐらしのもん》〟ともいわれ、その名のとおり、日の暮れるのも気づかずに見とれてしまうほど美しく、また精巧を尽くした門です。伝説的人物の飛騨工《ひだのたくみ》の作と噂《うわさ》されていますが、その門柱の一つが〝逆柱《さかばしら》（さかさばしらとも）〟として、とくに観光の対象になっています。逆柱といっても、柱の上下がさかさになっているのではなく、柱の彫刻の図柄が他の柱の図柄の天地と逆になっているのです。

逆柱《さかばしら》については、次のような伝説が語り伝えられています。飛騨工《ひだのたくみ》自身、陽明門を傑作であると自認していました。そのため「完全作であればあるほど、魔が悪戯《わるさ》をするから、その災《わざわい》を避けるために、あえて逆さ彫りをして不完全にする」と考えたというのです。

私は、この伝説に、完全作はそれ以上に進歩の余地がないから、名作を自ら否定、抹殺して、さらに精進を続ける〝白珪《はつけい》なお磨くべし〟の芸術精神を感受するのです。無限に進歩を望む者に、進歩の上限は考えられません。仏道修行も同じで、修行者には、ここが頂上だというリミットはないのです。上限が無いのを「無上」といいます。すると、さとりには完成というリミットはありません。したがってさとりという心境は、永遠に修行を積み重ねてゆく道程に体験されることが知られましょう。

般若心経の経典としての主要な部分は、ここで終わっていると見てもいいと思います。説くべきことはすべてここで説きつくされています。

「三世諸仏も般若波羅蜜多に依るが故に、阿耨多羅三藐三菩提《あのくたらさんみやくさんぼだい》を得たまえり」は、時間と空間をこえて、すべての人類が正しいさとりを得られることの確約であるからです。

9章・真実の幸福

——貧しい心を豊かにするには

故《こ》知《ち》般若《はんにゃ》波羅蜜多《はらみった》　是大神呪《ぜだいじんしゅ》　是大《ぜだい》
明呪《みょうしゅ》　是無上呪《ぜむじょうしゅ》　是無等等呪《ぜむとうどうしゅ》　能除《のうじょ》
一切苦《いっさいく》　真実不虚《しんじつふこ》

故に知るべし　般若波羅蜜多はこれ大神呪《じんしゅ》なり、これ大明呪《みょうしゅ》なり、これ無上呪《むじょうしゅ》なり、これ無等等呪《むとうどうしゅ》なり、よく一切の苦を除き、真実《しんじつ》にして虚《こ》ならず。

それゆえに人は知るべきである。知恵の完成の大いなる真言《しんごん》、大いなるさとりの真言、無上の真言、無比の真言は、すべての苦しみを鎮《しず》めるものであり、偽りがないから真実であると。

「呪《しゅ》」を「のろい」と思う悲しい先入観

私は、前節で般若心経の主たる説法は終わったと申しました。これからの章は、いわば「総まとめ」にあたります。

私はまた「三世諸仏も般若波羅蜜多に依るが故に、阿耨多羅三藐三菩提《あのくたらさんみゃくさんぼだい》を得たまえり」は、時間と空間をこえて、すべての人類が正しいさとりを得られることの確約でもある、と申しました。この確約を「ほとけの誓願」と申します。「ほとけの誓願」とは、「永遠の誓願」ということです。

しかし、すべての人間が、ことごとくさとりを得られるのが真理でありますが、それはどこまでも真理の範囲であって、事実としては、人間がことごとくさとりを得られる日は永久にありません。いわば、無数の人間の悩みと、無限のほとけの誓願との永遠の対決です。過去・現在・未来にわたる人間の悩みは尽きるときがないということは、この悩める無限の衆生を「悉《ことごと》く度《す》わずにはおかず」という過去・現在・未来の三世《さんぜ》のほとけの誓願も、また無量であるとの裏うちでもあります。

かくて過去・現在・未来の三世《さんぜ》の衆生と、三世《さんぜ》のほとけとの永遠の対決です。

般若の知恵もまた永遠にわたって存在する、ということです。

「般若の知恵を得て、さとりを開いて、みんながしあわせであるように」という永遠の誓願は、ここに慈悲のこころを帯びてまいります。また、前に「誰もが般若の知恵によるから阿耨多羅《あのくたら》三藐三《さんみゃくさん》菩提《ぼだい》（無上正等正覚）を得られる」とありましたが（252ページ）、その無上・正等が、この章で「是《こ》れ無上呪《むじょうしゅ》、是れ無等等呪《むとうどうしゅ》」として展開されます。

「故知《こち》般若波羅蜜多《はんにゃはらみった》　是大神呪《ぜだいじんしゅ》」　私は、この書のはじめで、経題の「摩訶般若波羅蜜多心経《まかはんにゃはらみったしんぎょう》」を採りあげたさいに、古人が「経文のこころが経題に集約してある」と、題号をとりわけ重視していること、とくに、至道無難禅師《しどうぶなんぜんじ》が、心経の経文のトップに「これより末は注なり」と、注釈を付けていることを記しました。

この重要な題号を受けて、心経は、まとめとして「故に知るべし、般若波羅蜜多はこれ大神呪《じんしゅ》なり……」と結びます。同じく、心経のはじめの「観自在菩薩　深般若波羅蜜多《じんはんにゃはらみった》を行《ぎょう》じ……」を「故に知るべし、般若波羅蜜多は、これ大神呪なり……」と受けとめます。

たびたび申しますように般若波羅蜜多は、空《くう》を観ずる知恵の完成です。このことが「大神《じん》呪《しゅ》」であり、「大明呪《みょうしゅ》」であり、「無上呪」なのです。空観の知恵を観念でなく、実際に「深般若《じんはんにゃ》を行《ぎょう》ずる」のが、かくかくの呪《しゅ》なのです。

ところで「呪」というと、私たちは〈のろい・まじない〉といった先入観を持っています。しかし、心経では、そうしたマジック以前の意味で使われていますから、一応この先入観を捨ててください。

絶体絶命のとき気づかねばならぬもの

この「呪」には、二つの原語があります。一つは、マハー・マントラで、「悪法をさえぎり、善をまもる秘密の言句」で、呪《しゅ》あるいは真言と訳されます。この「秘密の言句」が、「不思議な霊力」として〈まじない・のろい〉の様相を帯びるようになったのでしょう。

いま一つは、ダーラニーで、音訳して「陀羅尼《だらに》」と書かれます。私は、幼少のころ腹痛を起こすと「陀羅尼助《だらにすけ》」という薬を飲みました。実に、よく効《き》く薬ですが、もとは修行のとき、睡気《ねむけ》を防ぐために口に含んだ苦味薬《くみやく》だそうです。ダーラニーの意味は〈能持《のうじ》・保持《ほじ》・総持《そうじ》〉で、「持ちつづけている。保有している」ということです。

さて、呪には、〈持ちつづけている〉という意味があると申しましたが、それは、「ほとけのいのち・ほとけのこころ」を持ちつづけているということです。般若の知恵を保持し、保有するとは、口だけでなくこころで観じ、身体で実践することです。

摩訶般若波羅蜜多と般若の知恵を口で唱《とな》えれば「是《こ》れ大神呪」——知恵の完成の大いなる真言——真実の言葉であることは申すまでもありません。

「大神呪」とは、字面《じづら》だけで見ると、神通自在の神の言葉です。しかし、神がかり的な理解になるのを案じた白隠禅師は、「貴《とうと》ぶべし、自性《じしょう》の大神呪」と注をしておられます。自性とは「超越的無意識」（1章）で、自覚している人は少ないが、無意識のままに誰もが保有しているこころのことです。

白隠禅師は、さらに「人生の苦しみや悩みで、どうすることもできないというぎりぎりのときに、この般若の知恵を保持していることに気がついたら、円盤に珠玉《たま》をころばすように、ころころと自由円転に運行できよう」と言葉をそえられます。神秘なはたらきは、外だけではない、自分の中にも保たれている。それに気づかしめられるのだから「般若波羅蜜多」は、まさに大神呪です。

つぎに、般若波羅蜜多——般若の知恵は、人生に光明をもたらすから「大明呪《みょうしゅ》」とあります。

ゲーテ「自分の中に神がなかったら……」

「是《ぜ》大明呪《だいみょうしゅ》」　白隠禅師をはじめ、昔の仏教家や禅者は、漢訳の「呪」の字の持つ神秘的なムードで、本来の意味を誤解されるのをひじょうに案じられました。

前記の今北洪川禅師（250ページ）は、儒教の出身ですが、呪の語義の「総持」を「こころの名なり」といわれます。また古い注釈にも「神呪は、凡《ぼん》を転じて聖《しょう》となすこと自在なるがゆえに、神呪という」とあるのです。凡を転じて聖となすとは、迷いをさとりに転ずることです。

このように先人たちは、「呪」の神秘的な解釈をおさえるとともに、知的な理解をも避けて、「呪」を「般若の知恵」に直結させて考えることをすすめています。

「大明呪」もそうです。白隠禅師は「いうことなかれ、大明呪」と、自力で悟ったものでなく、外から与えられた明呪が内包する先入観をまっこうから撃砕《げきさい》します。そして、大明呪とは、般若波羅蜜多をたたえたものであるが、十方をあまねく照らして、心の無明の闇を破る前記の、自性のこころのはたらきをたたえる言葉だと言いきります。

「是《ぜ》無上呪《むじょうしゅ》」　般若波羅蜜多は、また「無上呪《むじょうしゅ》」です。

「無上」には多くの意味があります。一般に無上は、他に比べるもののない最高最上の意に解します。しかし仏法の思想の無上は比較ではなく、読んで字のとおり上限のない意味に用います。

さらに般若の思想では「無上」を、否定の肯定として用います。私たちはともすると、尊いものは上の方にばかりあると思って上方に執《とら》われがちです。この執われを捨て、高い上方だけではなく、自分の足もと・自分そのものを見つめよ、と「上」を否定し、自己に潜む無上の尊さを「是れ無上の呪（是無上呪）」と賛えます。言いかえると、自分の中に埋みこめられている「仏性」という尊い価値を、呼びさますことばなのです。

「是無等等呪《ぜむとうどうしゅ》」　さて、心経は急ピッチで、「般若波羅蜜多は、これ無等等呪《むとうどうしゅ》」と積み重ねます。「無等」とは、「無上」をさらに賛嘆した言葉ですが、「無比」といいかえてもいいでしょう。ともに、比較するものが何もない、比較を絶することで、この宇宙に充満してないところはどこにもないということ、宇宙そのものに等しいという意味で「正等」といってもいいでしょう。つまり、それ自体とか、絶対の存在です。使いなれた言葉でいえば、私たちの内に保有するとともに、外にも遍在（広く行きわたること）している——超越的存在ということになります。

超越的存在をわかりやすくいうと、ちょうど空気のようなものです。空気は地球上ならどこにもあります。部屋の中にもあれば部屋の外にも、私たちの体外にも体内にもあります。いわゆる「所として在《あ》らざるなし」で、どこにでもあるから他とくらべようにも、くらべようがないし、また比較する必要もありません。それを無等――等しきものなし、と申します。

真理（法）もまた普遍で、いかなる時・処にもあって、他とくらべようがないから無等です。他と比べる方法もない存在という意味では絶対です。しかし普遍にあるという点では平等、すなわち「無等等」です。この事実であり真実であることを、心経はいま「無等等――等しくなくして等しい」と否定して肯定していっているのです。

法身《ほっしん》（真理）は普遍であり、他と比べようもないから無等だ、しかしこの真理をあらゆる存在が均《ひと》しく保持（等持）しているから、個々の存在はみな平等であり等しいのだ、よって等しくなくて、しかも等しい（無等等）というのです。

仏法思想では、すべての存在に「仏性《ぶっしょう》（ほとけとなるべき可能性）」を認め『悉有《しつう》仏性《ぶっしょう》（悉《ことごと》く仏性あり）』といいます。つまり「仏性を持たない人は一人もいないのだから、比べる対象が無い」という点で「無等」です。しかし「例外なくだれもが仏性を有する」点ではともに等しいのです。つまり「無等等」は、絶対と平等の異次元の同時表現であることがわかります。つまり、ものごとを比較したり差別したりすることを超越した絶対的な境地です。

ほとけは、あらゆる衆生の悩みを度《すく》わずにはおかない

心経の場合、「般若の知恵は『無等等』である」といいますが、このことを心経と同系列の『金剛般若経《こんごうはんにゃきょう》』で、「是《コ》ノ法ハ平等《ビョウドウ》ニシテ高下《コウゲ》アルコト無シ。コレヲ阿耨多羅三藐三菩《アノクタラサンミャクサンボ》提《ダイ》ト名ヅク」と示しています。「平等ニシテ高下アルコト無シ」のたんたんとした表現に、「無上」と「無等等」の内容がよく示されています。阿耨多羅三藐三菩提は、すでに学んだように（252ページ）、ほとけのさとり、つまり般若の知恵は「かぎりなくすぐれ、正しく、普遍である」ということです。

また「是ノ法ハ平等ニシテ高下アルコト無シ（是法平等無有高下）」を、西国二十二番の観音霊場である補陀落山総持寺《ふだらくさんそうじじ》（大阪府茨木市総持寺）のご詠歌に、

おしなべて高きいやしき総持寺の　ほとけの誓い頼まぬはなし

と平易に詠《よ》まれています。「おしなべて高きいやしき」に、仏性（法）が人の身分の高下に関係なく、だれにでも本来具えられている事実がうたわれています。「ほとけの誓い」は、そのまま「迷える人びとの願い・頼み」です。迷える人びとの頼みが、ほとけの側からすれば「あらゆる苦悩の衆生をみな度《すく》わずにはおかず」との誓いになります。

般若の知恵は、内に保持するとともに外にも実在する。私たちは、般若の知恵を包む存在であるとともに、もう一つ外側から般若の知恵で包まれている存在なのです。竹で編んだカゴの中に水があるということは、カゴの外にも水があるということです（1章）。カゴは、水を包むとともに、水に包まれる存在です。

私は、さきに「私の中に神がなかったら、どうして天上の神を見ることができよう」とのゲーテの言葉を挙《あ》げました（64ページ）。それと同じに、私たちは、般若の知恵を内蔵するから、外なる般若の知恵が実感できるのです。般若の知恵を抱《いだ》くことが、そのまま般若の知恵に抱かれていることになるのです。

このことを拡大すると、ほとけを信ずるとは、ほとけに信じられていることです。私たちは、大いなる永遠のいのちという流れの中の一つの竹カゴです。どんなに小さな、そまつな竹カゴであっても、永遠のいのちは惜しみなく流れこんでいるのです。それを信ずるのが信心、この真実がほんとうに体得できるのを、さとりとも安心《あんじん》を得たともいいます。要するに心身の安らぎを得た状態です。

　この、いつでも、どこでも、誰でもが必ず持っている般若の知恵を「無比」で「無等等《むとうどう》呪《しゅ》」とたたえられるのです。

　しかし、以上の記述は、要するに、どこまでも「概念」です。それを実感として身体でうけとめるには、経文にあるとおり「行深般若波羅蜜多」の行《ぎょう》――実践が必要です。

“梅の花も雨を得て開く”

　私は、できうるかぎり理解しやすいようにつとめて、本書を書きつづけてきました。しかし、すべてがやさしくいえるものではありません。般若の哲学がむずかしいというよりも、平凡な事実だから、かえって理解に困難な点があるのは事実です。

　理解のできない点を不安に思わずに、どうぞ大切にしてください。鳥が卵をあたためるように、あなたの体温で難渋な点を大事に抱いてあたためてください。体温とは、あなたの今日までの悲しい、苦しい人生体験です。学問や知識ではありません。そして、つねによき人の指導をうけてください。まちがったあたため方をするとたいへんですから――。

そして、ときが熟すると、親鳥とひなが同時点で卵のカラを内と外とから破るように、無明のカラがもののみごとに打ち破れます。

ここで、思い出すのは、室生《むろう》犀星《さいせい》氏の、作詩「何者ぞ」（『鶴』所収）、

なにものか割れたり
わが内にありて閉じられしもの割れたり
かれら、みな声をあげて叫び出せり
桃の実のごときもの割られたり
星のごときもの光り出せり

です。私は、この詩が好きです。自分の内部に閉じこめられてあったものが割れて、内部生命が新たに発現されたという新体験が、繊細なことばでうたいあげられているからです。

作家の小島政二郎氏は、その作品『甘肌《あまはだ》』の中に、この詩を引用されて、

このことを説明するには、もう一度〝生活しろ、裸になれ〟に返らなければならない。なんのために裸になるのか、といえば、一人の人間の真に徹するためにである。一人の人間の真を通して、広く人間性の真に徹するためである。

私が、ここに引用したのは、この「一人の人間の真に徹し、それをして、ひろくすべての人間性の真に徹してそれを見る」――点です。心経の場合、その真とは「人はみな、般若の知恵を持っている。空《くう》を見る知恵を持っている」にあたります。

それをたたえるのが、上記の「四つの呪《しゆ》」です。呪は、身と口と意とで誦《とな》えなければならぬと申しました。意《こころ》にめざめよう、身体で実践しようとの願いがあって、はじめて口で誦《とな》える呪も生命を保ちます。そこまでゆくには、自分を正しく厳しく律するのが大切で、甘えていてはだめです。されば、白隠禅師も「旧年《きゆうねん》寒苦の梅　雨を得て一時に開く」――。努力の積み重ねがあれば、ときを得て必ず成果を開くと、「無等等呪」に注をしておられるのです。

キリスト教と仏教の共通性

私事ですみませんが、私は自分の机の上にいつも『漢和辞典』や『国語辞典』を置いておいて、読書したり原稿を書くときに、わからない文字やかなづかい・送りがな、それに常用漢字であるかどうかを教えてもらっています。また、机に一番近い書棚に『バイブル』を置いて、暇があるたびにページを開いて、やはり教示をいただいています。バイブルのおかげで、仏教経典のむずかしい個所が、これまでもしばしば解釈の光を恵まれました。

たとえば、私たちがいま読んでいる心経の「呪」についても、私が新約聖書〈ヨハネ伝一・一〉の、

はじめにことばあり　ことばは神とともにあり　ことばは神なりき

に大きな示唆を受けたのです。この「ことば」は、私たちがふだん用いている「人間の言葉」ではありません。原語ではロゴスですから、哲学用語の「理性・法則」の意味に近いとされます。するとこの「ことば」は、仏教思想の「法《ダルマ》」と同系列の用法だと私には思えるのです。

キリスト教の学者は「『ことば（ロゴス）』は、世界の根底に横たわっている理性的法則・生命力と解される。神は、この生命力の根源として存在している。『はじめに』は、はじめから・すでにの意味である」（関根文之助《せきねぶんのすけ》『聖書のことば』）と教えられます。

私は、この教えによって「ことば」はいよいよ法《ダルマ》に通じるとの思いを確信しました。釈尊も「私がさとった法《ダルマ》は、私以前にも存在していた。ただその存在をさとったのが私である。そして、誰もが私と同じにこの法をさとる可能性（仏性）を、当人が気づかないだけで必ず保有している事実もあわせさとった」といわれます。ただ、キリスト教で「神は、ことばの根源として存在している」といわれる点に、仏教教義とのデリケートな差異を感じます。

「はじめにことばあり」は、物理科学についても真理です。宇宙引力は、ニュートンの発見の有無にかかわらず存在していたのです。釈尊がさとった因果の法則は、釈尊の誕生にかかわりなく「はじめ」から存在したように、引力の法則もニュートンが生まれると否とに関係なく「はじめにことばあり」で、過去から現在そして未来まで、物は必ず上から下に落ちるのです。

私は、このロゴス・ことば・法《ダルマ》と「呪」とが一本の線に連なると考えるのです。呪《しゅ》は、まさしく理《コトバ》であり、また人間の言葉です。呪は人間の言葉ですが、しかも人間を超えたことばが、人間の言葉で語られているのです。そこに神秘性が感じられるのはとうぜんでありましょう。

同時に、ここが大切な点です。人間の言葉を超えたことばだという事実が自覚されないと、このことばは魔力か呪文になってしまって、言語では表現できない深い真理を体験できなくなるからです。

自分を成長させる秘訣

「能除一切苦《のうじょいっさいく》」　かくて、般若の知恵、空を知る知恵が身につけば、「能《よ》く一切の苦を除《のぞ》かれる」道理です。同時に、はじめの「五蘊皆空《ごうんかいくう》なりと照見《しょうけん》して、一切の苦厄《くやく》を度《ど》したまえり」を承《う》けての結言であることもわかります。

ここでは、いまの「照見《しょうけん》」を重ねて考えてみましょう。くわしいことはすでに述べましたが（139ページ）、「無等等呪」を踏まえてさらに考えられるのは、照見――照らし見るとは、自分の中にもライトをあてるとともに、他者の中にもライトをあてるということです。それを、「仏知見《ぶっちけん》を開く（ほとけの知恵を開発する）」といいます。平たくいえば「心の眼を開く」ことです。自分の「心の眼を開く」とともに、「他の心の眼を開く」ことです。

ところで、順序からいえば、まず自分の心の眼を開いて、それから他の心の眼を開くということになります。確かに、論理的にはそうあるべきですが、自分で満足できるほどにわが心の眼の開くのを待っていては、実際に他のためにする時間がなくなってしまいます。

仏教では、自他の別のないところに立ちますから、まず、他のためにしてゆくことが、そのまま自分も成長することになるのです。

そこで「心の眼を開く」ことは、自他の「般若の眼を開く」ことです。「般若」については、今まで学んできましたが、さらに具体的に毎日の生活との接点の上から、私は〝美しいものを見つめよう〟と機会あるごとに呼びかけております。

一見、何の価値もないような人や物や景色でも、その中には必ず美しいものを持っています。それが見えないのは、ただこちらの「心のカメラの構え方」が悪いからです。それさえよければ、私たちは自分の周囲にあるすべての存在から、美はもちろん、真なるもの、善なるもの、聖なるものを見つけ、見つめることができるはずです。

また、真・善・美・聖は、それぞれ独立して単一にあるのではなく、互いに融合して持ち合っています。ただ、美しいものは、一番目につきやすいから代表的に採《と》りあげていうだけです。

自分に辛くあたる人の美点をみつける

北海道でしたか、生活苦に悩む母親が、鉄道自殺をして母子心中をするつもりで、ある日の夕方、鉄道線路をさ迷いながら、その夜の死に場所を探していました。すると、何も知らぬ背中の子どもが、

「お母ちゃん、見てごらん、夕焼けがきれいだよ!」

と叫ぶので、それまでうつむいていた母が、悲しみに満ちた顔をあげて落陽を仰いだ瞬間、ふっと気がつきました。

「まあ、きれいだこと」と叫ぶと同時に、こんな美しいものに包まれていながら、暗いものばかりしか見えなかった自分の心の貧しさに気がついて、明るく立ちなおることができた——という話を何かで読みました。それ以来、私は〝美しいものを一日に一度は見つけよう〟との呼びかけを続けてまいりました。

Sさんは、私の知人で、ある会社の寮母をしていますが、私の呼びかけを実行してくれた一人です。

ある夜半に、Sさんはラジオかテレビの大きな音響で目をさましました。(誰だろう?)と耳をすましていると、階上のA君の部屋らしい。寮母の責任上、彼女は心を静めて怒らせな

いように、

「Aくん、お願い、もう少し音を低くして！」

と頼んだのです。

しかし少しも小さくならないので、聞こえないのだろうと思って五、六回注意すると、

「うるせえなあ、わかってるよ、バカヤロー」

という悪意に満ちた返事が返ってきたのです。しかも、ボリュームはいっこう低くなりません。

さらに、近所から苦情の電話がかかってくるので、Sさんはたまりかねて、ドアの外から声をかけると、

「うるさいなあ、このババア、小さくすりゃいいんだろう、小さくすりゃ！」と、つらあてにパチンとスイッチを切りました。

Sさんは、床にもどったが、くやしくってしばらく眠れなかったのですが、ちょっとした動機で翌朝まで熟睡できたそうです。

朝の炊事をしていると、Aくんがそばにきて恥ずかしそうに、

「おばさん、昨夜ごめんね、腹がたったろう」とわびるので、

「ええ、おばさんくやしくってね、二時間あまり眠れなかったの。でも、ふっと〝美しいものをみつけなさい〟っていわれたことを思い出してね、Aくんの中に、美しいものを一生懸命さがしたのよ」と答えました。

Aくんは、てれくさそうに、

「よせよ、おれなんかに美しいものなんかあるわけないよ」って否定します。Sさんは、委細かまわずに、つづけました。

「ところがあるんだよ。ほら、いつか私が風邪をひいて寝たことがあったわね。あのとき、Aくんはだまって私の額《ひたい》に冷たい手ぬぐいをのせてくれたじゃないの、それから『ごはんは交替で炊《た》くから、ゆっくり休めよ！』ってフトンのすそをやさしくたたいてくれたじゃないの、あんたに、こんな美しいものがあると思ったら、おばさんうれしくなってぐっすり眠れたの。だから気にしないでいいのよ」

それを聞いた彼は、拍手してSさんを褒《ほ》めました。

「おばさん、できてるなあ！」

「おだててもだめよ。おばさんができていたら、あんたに何をいわれても眠れたんだろうにね。できていないから、くやし泣きをしたのよ。でもね、〝美しいものを見つけよう、そして見つめよう〟との教えを思いだしたから、あとは、すっと眠れたというわけなの。よい教えは聞いておくものよ。そのときは自分に関係のない、むつかしい話で忘れてしまっているようだけど、毛穴から入ってどこかに残っているもんね。昨夜のように絶体絶命のときに、その教えが今度は毛穴からにじみ出て、自分をつつんで救ってくれるのね。Aくんに、こんなに美しいものがあると思ったらおばさん安心したの。Aくんも自分のまわりに美しいものを見つけなさい。すると職場もきっと明るくなるわよ」

と、Sさんは、Aくんに話したそうです。

それからは「気のせいかもしれませんが、彼の顔が柔らかになりました」と、Sさんは語ってくれました。それを聞いている私たちも楽しい気持ちになりました。

自分につらくあたる人の中にも「美しいもの」を見つけよう、との心がはたらけば、同時にその人の中に真なるもの、善なるものをもあわせて見つめることができるわけです。いいかえると、その人の中に、真実の人間性を発見し開発することになります。

家庭や勤務先という「場」に美しいものを見つけることができたら、どこでも「浄土《じょうど》」を開発できます。浄土という固定した場があるというよりも、私は「土を浄める・場を浄める」と動詞の形でうけとっています。

心のカメラのアングルが悪いと、それがキャッチできないのです。

絶対にして、普遍のさとりは……

「真実不虚《しんじつふこ》」　人間性を発見し、それに気づいたり、あるいは気づかされたりということは、自他ともに生きるよろこびに目覚めることになります。私たち人間の中に潜む、純粋な人間性を開発できることくらい、生きがいを感じる大きなよろこびはありません。

仏教では、このことを「目《ま》のあたりに諸仏《しょぶつ》に見《まみ》える」といいます。目前で多くの仏《ほとけ》に対面できるということです。ほとけとは、真実の人間性にめざめた人だとは、たびたび申してきたとおりです。

このくらい「真実にして虚《こ》ならず」——空しくない充実は他にないでしょう。それが「仏《ぶっ》知見《ちけん》を示し、仏知見を開く」といわれるものです。

思うのに、一日中、怒りづめに怒ったり、泣きづめに泣いたりする人間はありません。また、一日中朝から晩まで機嫌のよい人間もないでしょう。何かが因となり縁となって、そういう感情の波を惹《ひ》き起こすので、生まれながらの善人もなければ悪人もないのです。ただ、因と縁のよしあしによってそうなる、つまり「空《くう》なる存在」なのです。そのことに気づくの

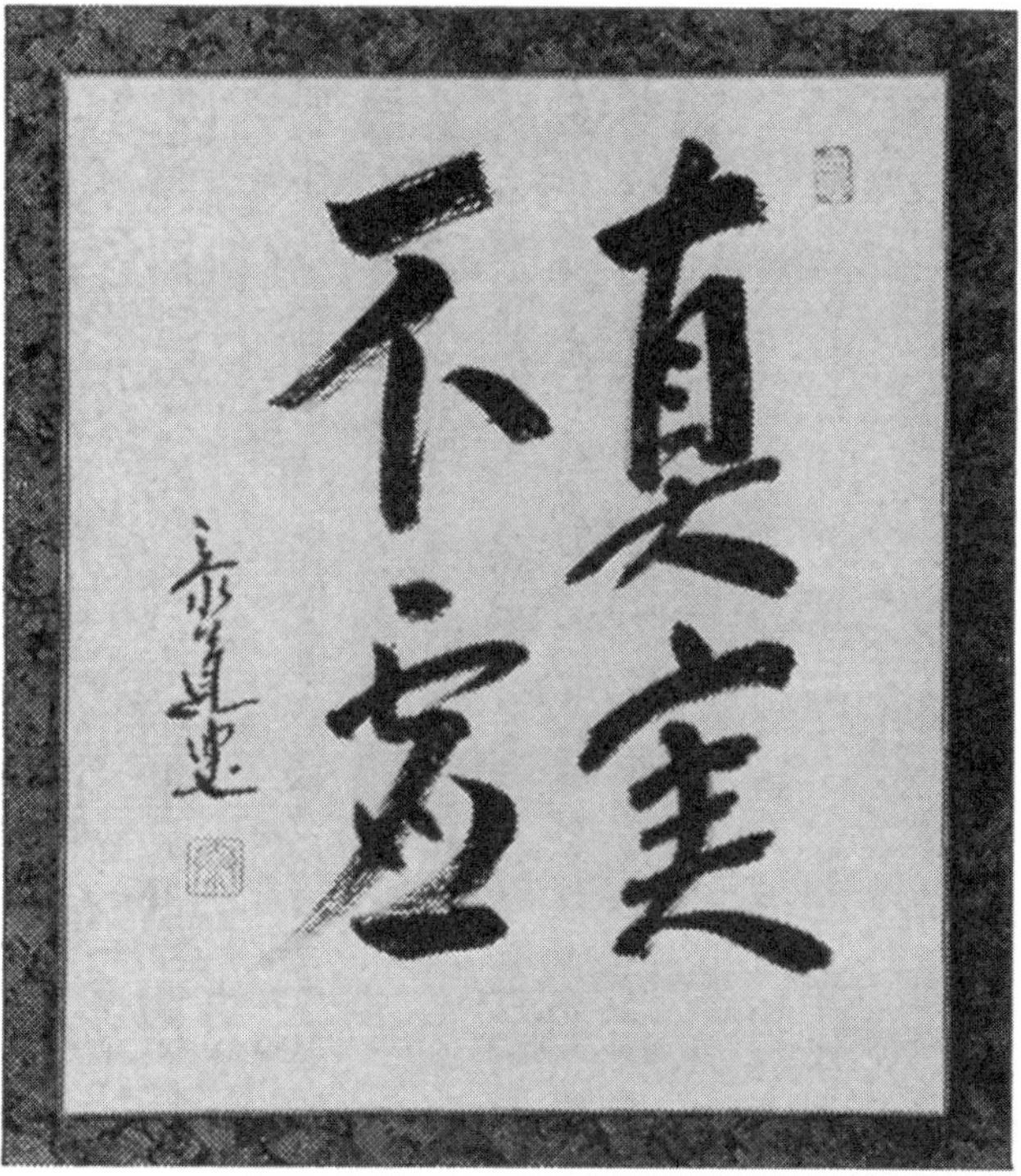

「真実《しんじつ》不《ふ》虚《こ》」——空しくない充実

（松原泰道筆）

が般若の知恵だから、このことがわかれば「能《よ》く一切の苦を除く、真実にして虚ならず」と、それこそスカッと胸に入るでしょう。

「真実不虚」で、思い出されるのが、聖徳太子《しょうとくたいし》のご遺言の「世間虚仮《せけんこけ》　唯仏是真《ゆいぶつぜしん》」のお言葉です。

その意味は「人間が住むこの世の中は、無常と無我の移ろいの現象にすぎない。この現象をつらぬく因縁の道理だけが真実である」との教えです。

浄土真宗を開いた親鸞《しんらん》にも、聖徳太子の「世間虚仮　唯仏是真」のこころを承け継いだ「煩悩具足《ぼんのうぐそく》の凡夫《ぼんぶ》、火宅無常《かたくむじょう》の世界は　よろづのことみなもてそらごとたはごと　まことあることなきに　ただ念仏《ねんぶつ》のみぞまことにておはします」（『歎異抄《たんにしょう》・後序』）があります。

このように『般若心経』は、あれもないこれもないと、すべてをなで切りに空《くう》じる上にも空じてきました。それは、何かに執着することが足もとをすくわれる迷いのもとであるから、五官の対象になるものは、すべて「空《うつ》ろ」なものである。ただ、因と縁によって、そのように見えるだけのものである――との、空《くう》ずるとともに、空《くう》を知る般若波羅蜜多――般若の知恵を学ぶためだったのです。

その「般若波羅蜜多の心」を、経題では「摩訶《まか》」と、形容詞をかぶせました。摩訶には

〈大・勝〉ときには〈多〉のすべての意味を、抱括していることは既述しましたが（62ページ）、それが、このまとめで「大神・大明・無上・無等等」の呪《しゅ》につながるのです。この真理の言葉は、「うそではない」と断言されます。

それゆえに、般若波羅蜜多を行《ぎょう》ずるには、まず「般若波羅蜜多」は、最上、最尊の真理のことばであるから、「摩訶般若波羅蜜多」と、身と口と意《こころ》を一つにしてとなえるがよい、すると、阿耨多羅三藐三菩提《あのくたらさんみゃくさんぼだい》（無上正等正覚）が手に入る、ということになります。この漢字がならんでいるのになじめないといけないので、私は次のように訳してみました。

「無上」は、無限の高さですから絶対、「正等」は宇宙のすべてに存在する意ですから、普遍。「正覚」は正しいさとり、正しいめざめですから〝絶対にして普遍のさとり（めざめ）〟としたら、わかりやすいかと思います。

10章・無私の行為

——見栄《みえ》や名誉にとらわれぬ生き方

故《こ》説《せつ》般若《はんにゃ》波羅蜜多《はらみった》呪《しゅ》　即《そく》説《せつ》呪《しゅ》曰《わく》
羯諦《ぎゃてい》羯諦《ぎゃてい》　波羅《はら》羯諦《ぎゃてい》　波羅《はら》僧《そう》羯諦《ぎゃてい》
菩提《ぼうじ》娑婆訶《そわか》
般若《はんにゃ》心経《しんぎょう》

故に、般若波羅蜜多の呪《しゅ》を説く。すなわち呪を説いて曰《いわ》く、ぎゃていぎゃてい、はらぎゃてい、はらそうぎゃてい、ぼうじそわか。般若心経。


その真言は、知恵の完成において、次のように説かれた。

「往《ゆ》ける者よ、往ける者よ、彼岸《ひがん》に往ける者よ、彼岸に全《まった》く往ける者よ、さとりよ、幸あれ」

ここに、知恵の完成の心を終わる。

平凡だからこそ奥行《おくゆき》が深い

「故説般若波羅蜜多呪《こせつはんにゃはらみったしゅ》　即説呪曰《そくせつしゅわく》」　前に「般若波羅蜜多」ということばそのものが、すでにすぐれた真実のことばであるとありましたが、ここでは、さらにそれを呪《しゅ》で説かれるのです。

釈尊の説法は、おおむね散文の形で説かれます。当時は、釈尊の教えを成文化しなかったから、暗誦に便利なように、その内容を詩の形（偈《げ》という）で表わします。

心経の場合も、短い二百七十六文字をさらに濃縮したのが、この「ぎゃてい　ぎゃてい……」という「呪」で、心経の心髄《しんずい》であるから、玄奘三蔵も翻訳しなかったのです。

それは神秘化するためではありません。どの道でも、奥義というものがあります。お茶でも花でも、その道の心髄ともいうべき「道髄《どうずい》」は、特殊のことでなく、きわめて普通のことです。宗教でもそうです。しかし、苦心して体得した平凡の大いなる意味と、何も知らずに、安直に平凡としてうけるのとでは、大きな距離があります。平凡という形で表われている現象の奥に、筆舌では表現できない真実を汲《く》みとらねばなりません。

ある芸道の皆伝《かいでん》のしるしは、一枚の白紙であると聞かされて深く感じました。平凡の奥深さを知らすがために秘するのです。重要書類の㊙とは異なります。

平凡であるがゆえに秘するのです。誰もが知っているからこそ秘するのです。明かされた秘密であるからこそ秘するのです。

玄奘は翻訳しませんでした。しないところに彼の深い思いがあります。しかし、原語でいわれてあるのですから翻訳は可能だったでしょう。しかし、翻訳すれば語感が異なり、異邦人的解釈が真義を害《そこ》ねるのを恐れたと思われます。

私は、この書のはじめに至道無難《しどうぶなん》禅師が、学力の少ない老いた尼さんに、心経のこころを書き添えたお話をしました。そして、経題の「般若」のところへ「般若ハ何モナキ所ヨリ出ルチエヲイウ」と書かれたことを記しました。その禅師は、この呪の終わりのところへ「心なく　身も消《きえ》はてて　何もかも　いひたりしたり　なりやなるらむ」の一首で結んでおられます。

ある禅者は、この無難禅師の歌を引いて「心経は、色《しき》は空《くう》なりからはじまって、ちょうどユリ根かタマネギの皮を剝《む》くように、表皮から一枚一枚引きむいたが、さて、何が残ったか」と問いつめます。

「羯諦羯諦《ぎゃていぎゃてい》」　ギャテイ（原語ガテー）は、このユリ根などの皮を剝《む》くように「取り除く」意です。執着を取り除いて真空に持っていこうというので、「自覚」をさします。

「波羅羯諦《はらぎゃてい》」　次のハラギャテイ（原語パーラガテー）は、他が犯している執着の過ちを剝《は》ぐことで「覚他《かくた》（他人をさとらせる）」にあたります。

「波羅僧羯諦《はらそうぎゃてい》　菩提娑婆訶《ぼうじそわか》」　さらに進めて、自他ともに、さとりを円満に成就しようというのが、ハラソーギャテイ　ボウジソワカ（原語パーラサンガテー　ボーディスヴァーハー）です。以上の呪をまとめると、自覚・覚他・覚行円満《かくぎょうえんまん》（さとりと実践とがともに満たされる）ということになります。「娑婆訶《そわか》」（原語スヴァーハー）は、呪文の最後に唱える秘語ともいうべきもので、完成・祝福を意味するといわれます。

以上の訳を見ても、とくにとりたてて秘密にしなければならぬことは何もありません。しかし、平凡なこと、なんでもない普通のことに感動するには、相当の修練が必要です。その修練の少ない多くの人のためには秘さなければならないのです。

そうした意味とつつしみを持って、先人は、単語の持つ語感を汲みとり、前訳を和《やわ》らげて、「往《ゆ》ける者よ　往ける者よ　彼岸《ひがん》に往ける者よ　彼岸に全く往ける者よ　さとりよ　幸あれ」

と訳しています。字と字の間の空隙《くうげき》をうめると「私もさとりの彼《か》の岸へゆきついた。人もまた、その岸へゆかしめた。すべての人びとをみなゆかしめ終わった。かくて、わがさとりの道は成就された」となる、と多くの先人は教えてくれます。

何の変哲もない言葉です。「なあんだ……」と冷笑する人も多いでしょう。その思いあがりが求道の妨げとなるから秘されたのです。同時に平凡の森厳《しんげん》さに襟《えり》を正す人もあるでしょう。そうした人たちによって教えは伝えられてゆくのです。

心経のご利益と功徳

さきに「是無等等呪《ぜむとうどうしゅ》」のことを記しましたが、心経最終のこの呪に「無等等」——そのもの自体で、比較すべきもののないという意味が、はっきり感じられます。自分だけのしあわせでもない。他人だけのしあわせでもない。他人のしあわせが自分のしあわせになる——それが自覚《じかく》・覚他《かくた》です。いつもめざめたこころで生活していく——それが覚行円満《かくぎょうえんまん》ということです。これ以上に、人生の真の意味がほかにあるでしょうか。

この誓いと願いは大切にしなければなりません。大切にするという意味で「秘密」ともいえます。平凡であるとの理由で、秘密にした教えともいわれ、それだけに重大な教えでもあります。

私は、機会あるごとに誰にも般若心経の読誦《どくじゅ》をすすめますが、ときによると、その〝ご利《り》益《やく》〟を問われます。そうしたときは、経の「是無等等呪《ぜむとうどうしゅ》」の注として、白隠禅師が、禅門の故事を引かれた次のお話を告げることにしています。

徳雲《とくうん》という文字どおり徳の高い修行のできた坊さまがありました。その徳雲が癡聖人《ちせいじん》（馬鹿聖人）をつれてきて、ともどもに降り積もっている雪を担《にな》って運んできて、井戸を埋めようとしている——というのです。

『碧巌録《へきがんろく》』という禅書に、このことを格調の高い頌《じゅ》（偈《げ》ともいう。詩の形で教義などをうたいあげたもの）で、「他ノ癡聖人《チセイジン》ヲ傭《ヤト》ツテ雪ヲ担《ニナ》ツテ共《トモ》ニ井《セイ》ヲ塡《ウツ》ム」とあります。白隠禅師は、この頌《じゅ》をそのまま前記したように「是無等等呪」の注に引かれています。

まず、癡聖人です。癡《ち》は愚かということです。真・善・美・聖の上に、白隠が「癡《ち》」を置いたことに注目しましょう。癡とは、聖なるものにも執《とら》われない、聖をも意識しない、聖を空《くう》ずる人のことです。言い換えると、自分を聖人と思っていない聖人が癡聖人です。この癡聖人に「般若の知恵」がいっぱい盛《も》られていることを見つめなければなりません。いわば、この癡聖人は徳雲によって覚《さと》らされた人です。徳雲は、癡聖人と二人で、ともに雪を担って井戸を埋めようというのです。雪で井戸が埋まるはずがありません。永遠に埋まりません。それでは、雪で井戸を埋めるとは何を意味するのでしょうか。

それを一言で言うと、こうなります。

「自分でしなければならないことなら、容易に効果があがらず、一見ムダに思えるようなことでも、ムダと割りきらずに継続して努力すること」です。

たとえ人に認められなくても……

こうした努力に無等等――比較すべきもののない絶対のいのちを感じます。

今は、少しでも人に認められようと、ＰＲをして自己を売りこむ人でいっぱいです。自己顕示も必要です。しかしそうした人ばかりでは、世の中は決して進歩もしなければ、しあわせにはなれないのです。雪で井戸を埋めようとの〝愚行〟に象徴される、永遠の願いに身を燃やし、それを実行する癡聖人と徳雲の協力関係が必要に思えます。その協力が、般若の知恵と行《ぎよう》に、具体的に盛られていると思います。そして般若の知恵と行とが、ほんとうに大切だと気がついたら、黙って自分のつとめに精いっぱい、自分を投げこんでいくことです。それが、自分も他人もしあわせにし、社会のレベルを高める般若心経のご利益です。

この平凡なめざめが、「深般若波羅蜜多《じんはんにゃはらみった》を行ず」る観音さまです。またこの観音さまのこころが、まちがいなく自分の中にも「超越的無意識」として在《おわ》しますと、こころから合点できるのが「般若心経の統一された功徳《くどく》」であると、私は信じます。

〈おわりに〉――〝とらわれないこころ〟を学びたい

現在の私たちは、私たちの先祖たちが夢にも見なかった高度の文明生活を楽しんでいます。その反面に、機械文明の落とし子ともいうべき各種の公害や汚染で、生命の危機にさらされ、つねに不安に戦《おのの》いているのも現実です。

私たちの毎日の生活は便利になり、楽しみも一杯あるのに、そのわりに心からよろこべるしあわせからは、逆に、ほど遠くなったように感じられます。では、その原因はどこにあるのでしょう。

近代のすぐれた文明批評家の一人、フランスの医学者アレキシス・カレル（一九四四年没）の次のような発言に、私は深い共感を覚えます。

「今日の機械文明は神が造ったのではない。勝《すぐ》れた科学者の知識の然《しか》らしめるところである。しかし、文明を開発したそもそもの張本人である人間そのものについては、科学者は十分に知ろうとはしなかった。この不注意が人間崩壊と、ひいては文明の危機をもたらしたのである」(『人間　この未知なるもの』渡部昇一訳・三笠書房刊)

カレルが示唆《しさ》しているのは「科学者が知ることを怠った『人間とは何であるか？』――これを学ぶことによって、人間と文明の末期症状を救うことが可能だ」ということになりましょう。私もまた、カレルのこの診断を正しい意見だと共鳴する一人です。

私は、「自己を考察し、思索する宗教」が仏教だと考えます。カレルは〝人間の科学〟が必要だといいますが、もっと突っこんで〝自己を科学する〟ことが肝要ではないでしょうか。

科学は、対象をすべて経験的に論証し、それを検証しようとする合理的認識を原則とします。仏教もまた、対象を経験的に認識し証明する方法を採りますが、仏教の場合、まず対象が自己そのものです。主体である自己を対象として経験的に認識するところに、一般の科学的方法とはおのずから別次の経験方法が必要となります。これは、常識でもうなずけることで、この自分を経験的に認識する方法が、念仏《ねんぶつ》・唱題《しょうだい》・坐禅《ざぜん》・看経《かんきん》(読経)などの実践(修行)です。〝対象を科学〟する一般科学と〝自己を科学〟する仏教とを、文法上の「人称《にんしょう》」でたとえると、なおはっきり理解できましょう。すなわち一般に科学者は第一人称の「私」

であり、研究対象はすべて第二人称、ないしは第三人称です。

しかし仏教の〝自己の科学〟では、自己が自己を対象とするのですから、二人称も三人称もありません。すべて一人称の世界です。対象の中に自己を分析し、自己の中に対象を経験するのです。仏教の特徴は、すべて〝おのれなりけり〟と自他の区別を超えた人生観・世界観を経験するところにあります。

自己と他者の区別（分割とも）に限らず、すべて相対的認識を超え、合理的経験にとらわれない絶対の境地が、大乗仏教の思想の「空」ということになります。私は、この空のこころを本文で詳しく書いたつもりですが、それでも、まだ「わかったようでわからない」という読者の声なき〝うめきにも似た声〟が聞こえてまいります。しかし、わからぬ、ということに悲観する必要はありません。

そうした多くの読者に、私はやさしい問いを発することをお許しください。現代人に共通した悪い考え方の一つにエゴイズムがあります。もしも地震などの天災が起きたとき、相も変わらず、だれもが「自分さえよければ」という利己主義で行動したらどうなるでしょう。思っただけでもぞっとします。そして、私たちはエゴイズムを悪徳として憎みます。私もその一人です。

このとき「エゴを憎むというあなた自身はどうか?」と、問われたらどうでしょう。私は「おれは大丈夫、エゴには絶対にならぬ」とは、とても恥ずかしくて答えられません。失礼ですが、読者のみなさんも同じでしょう。かく自己診断を下すと、自分のエゴの弱点を他者の上に見せしめられ、また他者のエゴの醜悪さが自己にも感得されます。それが私のいう〝第一人称の自分〟が表現された境地です。

先日、旅先で新聞を読んでいると、〝奈良の大仏さん〟で外人にもなじまれている東大寺長老の清水公照《しみずこうしょう》師のエッセイが目に入りました。

清水師が、ドイツの青年から「無とか空という思想はどういう意味か?」と問われたといわれます。日本人でも理解困難な問いです。ましてや、無も空もろくに考えたこともない外人に納得させるのは容易ではありません。ところが、清水長老の答えが実に妙を得ています。長老の言葉を、そのまま記しましょう。

「『腹がへったら、何でもうまい』と言ったら、彼はどうやら理解できたようです。〝無〟とか〝空〟を形而上《けいじじょう》学的には、むずかしいことを言う。ずばり言えば『腹がへったら、何でもうまい』でしょう。自分が何かを持っていると喜びがわいてきません。無我になると、世界は一変するものです……」

なるほど、これなら現代の日本人にも外人にも、腹の底まで〝空〟も〝無〟も、すとんと落ちるでしょう。私もまた、ある著名な料理家から「料理人の苦手は、満腹しているお客さまです。どんなに腕をふるってもその味がわかってもらえないのです」との嘆きを聞いたことがあります。

今は機械文明にみんなが満腹しすぎて、満腹に飽きているために、人生の妙味が味わえないのです。しかも、人生を楽しく生きたいとの、満腹感がもたらす精神的ハングリーが、現代人を飢餓感と危機感で苦しめているのではないでしょうか。

第二次大戦以前の日本の倫理や宗教の解決目標は、生活の困窮・貧しさの超克《ちょうこく》にありました。しかし今は違います。逆に、生活の豊かさの誘惑に耐える人間の生き方が問われています。また、高度の経済生活がもたらす、だれもが予想もできなかった虚脱感情を、いかに充足するかの方法論が求められています。

現代が要求する以上の二つの問いに答えるために、心経の空のこころを、あらためて学んでみたいと思っていたのです。その結果著《あらわ》したのが、祥伝社のノン・ブック版の『般若心経入門』で、「何ものにもとらわれないこころ」こそ「空」、という観点に立ったものでした。

今回、たまたま祥伝社からの愛蔵版出版の依頼を好縁に、この「空」の概念をさらに積極的に理解したいと思いました。すなわち、とらわれないというよりも、とらわれることがいかに愚かであるか、さらに言及すれば、とらわれる必要のない真理を経験することがいかに大切なことかということです。

私は、昨今では、そのために『心経』を学びたいと願っているわけです。

〈写経と写仏のすすめ〉

釈尊の時代（紀元前五・六世紀）のインドでは、すでに文字が一般に用いられていました。しかし当時はまだ、哲学や宗教などの高次の思想を文字にするのは、聖なる教えをけがすものであるとの考え方が強かったため、釈尊の教えは、ただ弟子たちの暗誦によってのみ伝承されたのです。

そういうわけで、釈尊の教えがはじめて文字で書き表わされたのは、釈尊の滅後数世紀を経てからのことです。しかし当時は印刷技術も知られていませんから、インドでも中国でも、文字で書かれた経典を広めるには、書写するより他《ほか》に方法がありませんでした。経文を書き写すことをとくに「写経」と呼びますが、このようにして始められたのです。

それは日本でも同じです。五三八年に、百済《くだら》からはじめて仏像や経典がわが国に伝来しますが、奈良時代になると、官設の写経所が設けられ、写経生も養成されています。

印刷技術未開発の時代ですから、写経にかける労力と努力はたいへんなもので、高く評価されるべきものです。それは、決して私たちに縁遠いことではありません。私も大学の卒業論文を書くにあたって資料を集めるのに、現在のようにコピーなどない時代ですから、博物館などへ毎日通って鉛筆で書写した苦労を思い出します。このように、ものを筆写することは、たいへんな労苦が伴いますが、まして経典を筆写する写経ですから、写経に功徳《くどく》があると考えられるのは当然です。

法華経《ほけきよう》の法師功徳品《ほつしくどくほん》では「法華経を受持《じゆじ》（記憶）・読《どく》（経本を見て読む）・誦《じゆ》（経本を見ないで誦《よ》む）・解説《げせつ》（解説《かいせつ》）・書写（書き写す）」する者は、大いなる功徳《くどく》が授けられると説き、この五項目を「五種法師《ほつし》」と呼んでいます。法師は、教えを説き導く僧のことですから、以上の五項目の実践を五人の法師に人格化し、書写を五法師の一人に挙げているのです。また書写の功徳の大きいことは、釈尊の入滅の前後を説く涅槃経《ねはんぎよう》にも説かれています。

日本では、七世紀のころ川原寺《かわらでら》で一切経《いつさいきよう》が書写されたといわれ、以後、しだいに写経が盛んになり、八世紀の天平時代にその最盛期を迎えました。しかし印刷技術が進歩するにしたがい、経典普及を目的とする写経こそ衰えはしましたが、五種法師《ほつし》の一つとしての、つまり信心と修行のための写経は、とくに〝お写経〟とつつましやかに呼ばれて、地道に伝えら

八重洲ブックセンター
03-3281-1811
東京都中央区八重洲2-5-1

ネットで注文　お店で受け取り
早い！　簡単！　便利！
本のご注文なら YBCネットショップ
URL http://www.yaesu-book.co.jp

2009年11月 2日(月) 16:03 No:0118

9784396111830 1920215008204
0414宗教 ¥861

小　　計	¥861
内税対象額	¥861
(消費税等内税	¥41)
合計	¥861
(うち消費税	¥41)
お預り	¥1,061
(消費税等	¥41)
お釣り	¥200

取引No8125　1点買 2961:

れ、現代に及んでいるのです。
とくに、薬師寺《やくしじ》管長高田好胤《たかだこういん》師の「般若心経百万巻写経」発願《ほつがん》が縁となって、今はお寺をはじめ、写経の集《つど》いも多く、一般家庭でも写経が熱心に行なわれています。写経に関する指導書や参考書も数多く出版され、写経の作法や心得が細かく示されてあります（300ページ参照）。

よってここでは〝お写経のこころ〟ともいうべき点を簡単に学ぶことにいたします。

一、**〈写経の願い〉** 写経は文字のコピーではありません。お経の一字一字を〝ほとけのおこころ〟と信じて、自分の心に写させていただくのです。そして私たちの心が、ほとけのこころにめざめるのを願いとします。

二、**〈写経の時・所〉** 前記のお写経の願いが適《かな》えられるにふさわしければ、どこでも結構です。真実の写経の時も所も、写経する人の心のあり方にあります。

三、**〈写経用具〉** 必ず自分で墨を磨《す》り、毛筆で書くこと。墨を磨るのは、心を安定する修行です。墨がゆがんで減るのは心が不安定だからです。墨を磨っているとき生じる、得《え》もいわれぬ墨の香り（発墨《はつぼく》という）は、書写する文字にも移ります（この意味で、ボールペンや既製品の墨汁使用は好ましくありません）。

四、**〈書体〉** 仏像を刻むとき、彫刻刀で木肌を彫《ほ》るそのつど、一刀ごとに三たび礼拝するといわれます。〝一刀三礼《いっとうさんらい》〟です。写経のときも、〝一筆三拝《いっぴつさんぱい》〟のこころ根を胸に秘めて、筆を運びましょう。したがって書体は、字をくずさずに楷書《かいしょ》で書くのが正しいし、一行は十七字詰がきまりです。

五、**〈字の巧拙〉** 写経は筆写や印刷ではない、と申しました。また習字でもありません。習字ならば、字の上手下手に優劣はありますが、写経は、ほとけのこころを写すのです。ほとけのこころに上下はありません。ゆえに写経の字に巧拙のある道理はないでしょう。写経の文字の出来具合に心をまどわすなら、それだけ仏心から遠ざかるのです。先に本書で記した（96ページ）聖一国師《しょういちこくし》の、

「経《きょう》だらにというは文字にあらず。一切衆生の本心なり。本心をさとり根源にかえる人、真実の経を読むなり」

を思い出しましょう。写経もまた同じです。経文の一字一字がそのまま、ほとけのこころであり、同時に、私たちの本心本性と信じて字を写してこそ、まことのお写経であります。

近年はまた、「写仏《しゃぶつ》」もまた写経とともに盛んです。法華経方便品《ほうべんぼん》に「大人であれ、子どもであれ、壁に（仏）像を描く者は、すべて慈悲ある人となり、かれらはすべて幾千万の人々を救い、多くの求法者を鼓舞しよう」（拙著『法華経入門』79ページ、祥伝社刊）とあるように、昔から仏像を画くという信仰はありました。日本でも仏教行事が国民に浸透していたころは、川原や海浜の砂地に、子どもたちが仏さまの像を画いて遊んだものです。

現在行なわれている写仏の方法は、原図の仏画を下絵にして、その上に白紙を重ねて下絵をなぞり取るので、誰でもできる仏道の修行です。

私の知人、富士ダイス株式会社社長夫人の新庄初枝《しんじょうはつえ》さんのご両親、初鹿野郁太郎《はつがのいくたろう》さん（九十九歳）・うめ代さん（九十歳）夫妻はいずれも健在で、郁太郎さんは写仏に、うめ代さんは紙人形づくりに、充実した毎日を送っていらっしゃいます。郁太郎さんは、写仏をはじめてから、それまで悩んだ老人症状の皮膚病や歩行困難が全快して、今では一階から三階の自室まで元気に上下しておられます。筆や針などを動かす指先の運動が大脳を刺激して、老化現象を防止するのでしょう。この当然の効果を自分でもたらしながら、郁太郎さんは自分の所為《せい》とせずに「お写仏のおかげだ」としています。

あたりまえをあたりまえと割りきらず、大いなるものの恩恵と感じるのは、自我《エゴ》が脱けているからです。エゴが脱け、自分を超える大きないのちの働きが感じられるのが、信心のよろこびです。誰もが容易にできる、写経や写仏をおすすめするゆえんがここにあります。

〈写経参考書〉

「写仏・写経のすすめ」（『大法輪』・昭和五十四年八月号）
『写経入門』田中塊堂《たなかかいどう》著、創元社
『写経のすすめ』岸本磯一《きしもといそいち》著、出版開発社
『写経の教室』同　同
『写経と法話』岸本磯一著・松原泰道解説、同
『写仏のすすめ』難波淳郎《なんばあつろう》著・大法輪閣

そのほか、たくさんありますが省略いたします。

キリトリ線

★読者のみなさまにお願い

この本をお読みになって、どんな感想をお持ちでしょうか。祥伝社のホームページから書評をお送りいただけたら、ありがたく存じます。今後の企画の参考にさせていただきます。また、次ページの原稿用紙を切り取り、左記まで郵送していただいても結構です。

お寄せいただいた書評は、ご了解のうえ新聞・雑誌などを通じて紹介させていただくこともあります。採用の場合は、特製図書カードを差しあげます。

なお、ご記入いただいたお名前、ご住所、ご連絡先等は、書評紹介の事前了解、謝礼のお届け以外の目的で利用することはありません。また、それらの情報を6カ月を超えて保管することもありません。

〒101―8701（お手紙は郵便番号だけで届きます）
祥伝社新書編集部
電話03（3265）2310

祥伝社ホームページ　http://www.shodensha.co.jp/bookreview/

★本書の購入動機（新聞名か雑誌名、あるいは○をつけてください）

＿＿＿＿新聞の広告を見て	＿＿＿＿誌の広告を見て	＿＿＿＿新聞の書評を見て	＿＿＿＿誌の書評を見て	書店で見かけて	知人のすすめで

★100字書評……般若心経入門

名前

住所

年齢

職業

松原泰道　まつばら・たいどう

明治40年、東京生まれ。昭和６年、早稲田大学文学部卒。岐阜・瑞龍寺専門道場で修行。昭和26年臨済宗妙心寺派教学部長。昭和52年まで龍源寺住職。全国青少年教化協議会理事、「南無の会」会長等を歴任し、各種文化センター講師をつとめるなど、講演・著作に幅広く活躍。現代の「語り部」として、仏の教えを分かりやすく説き続けた。平成元年、第23回仏教文化伝道文化賞受賞。著書多数。平成21年７月30日、101歳で逝去。

般若心経入門《はんにゃしんぎょうにゅうもん》

276文字が語る人生の知恵

松原泰道《まつばらたいどう》

2009年11月５日　初版第１刷発行

発行者……………竹内和芳

発行所……………祥伝社《しょうでんしゃ》

〒101-8701　東京都千代田区神田神保町3-6-5

電話　03(3265)2081(販売部)

電話　03(3265)2310(編集部)

電話　03(3265)3622(業務部)

ホームページ　http://www.shodensha.co.jp/

装丁者……………盛川和洋

印刷所……………堀内印刷

製本所……………ナショナル製本

造本には十分注意しておりますが、万一、落丁、乱丁などの不良品がありましたら、「業務部」あてにお送りください。送料小社負担にてお取り替えいたします。

Printed in Japan　ISBN978-4-396-11183-0　C0215